그래도
소망이 있다

가정을 세우는
룻기 복음

그래도 소망이 있다

이인호 지음

차례

저자 서문 | 8

| 1장 | 그래도 소망이 있다

실패에서 배우는 오늘의 교훈
말씀으로 해석하라 | 13
영적으로 침체할 때 중요한 결정을 하지 마라 | 18
왕이신 하나님께 여쭈라 | 24

| 2장 | 버려진 것이 아니라 남겨진 것이다

하나님이 남겨두신 이유
회개의 기회를 발견하라 | 29
은혜를 이용하면 망한다 | 30
아직도 한 가닥 은혜가 남아 있다 | 31

붙좇는 신앙을 가져라
붙좇는 길은 사랑의 길이다 | 37
붙좇는 길은 희생의 길이다 | 40
붙좇는 길은 결단의 길이다 | 42

누구를 붙좇아야 할까

| 3장 | 때려서라도 돌아오게 하신다

주님은 사랑으로 징계하신다
심판과 징계, 비슷하지만 다르다 | 50
심판에는 멸망이, 징계에는 축복이 숨겨져 있다 | 55
원망은 심판을 낳고 고백은 구원을 낳는다 | 59

| 4장 | 기적은 우연처럼 찾아온다

우연처럼 찾아오는 기적을 경험하라
하나님의 은혜를 기대하라 | 69
기도할 때 우연 같은 섭리가 펼쳐진다 | 73
어느 날 '오늘' 우연 같은 기적이 일어난다 | 76
하나님의 섭리가 우연을 필연으로 만든다 | 78

| 5장 | 누군가의 설 땅이 되라

누군가의 설 땅이 되어 주라
보아스와 같이 계산하라 | 89
보아스의 가치 기준을 가지라 | 92
보아스의 시각과 책임감을 가지라 | 98

| 6장 | 다시 꿈꾸라

다시 꿈꾸게 하는 은혜
은혜의 환대 | 107
돌봄의 은혜 | 116
고엘의 은혜 | 119

차례

| 7장 | 주님께 나를 맡기라

안식을 얻으라
믿음의 주체를 따르라 | 132
믿음으로 삶을 던지라 | 137
신부의 영성을 가지라 | 144

| 8장 | 완전한 만남은 이런 것이다

완전한 만남을 사모하라
완전한 만남에는 갖추어야 할 조건이 있다 | 153
완전한 만남은 새 출발의 복을 가져온다 | 164

| 9장 | 사랑은 쉬지 않는다

성취하기까지 나아가라
확신을 심어 주라 | 173
하나님은 쉬지 않으신다 | 177
긍휼을 위해 쉬지 말라 | 181

| 10장 | 이름을 남기라

당신은 책임을 지는 사람인가, 걸림돌이 되는 사람인가?
말씀 적용에 넉넉한 사람이 되라 | 192
이름이 기억되는 사람이 되라 | 196
책임을 지는 사람이 되라 | 200

| 11장 | 스토리를 남기라

인생역전의 복을 누려라
진정한 인생역전은 스토리가 만든다 | 209
고통 속에서 우리는 죄보다 깊은 은혜를 발견한다 | 216
우리의 인생역전을 위해서 태어난 아기가 있다 | 221

| 12장 | 나오미의 구원, 나의 구원이 되다

룻기에 나타난 십자가 복음
나오미처럼 나도 불순종하였다 | 230
나오미가 받은 긍휼, 나도 받았다 | 232
나오미가 받은 구원, 나도 받았다 | 240

저자 서문

처음 룻기를 읽을 때 문득 들었던 의문이다. 도대체 하나님은 어떻게 마무리하시려고 이렇게 엄청난 비극으로 시작하실까? 남편과 두 아들을 잃고 텅 비어 돌아온 나오미의 회복이 어떻게 가능할까? 그러나 룻기를 강해하면서 나의 질문은 어리석은 것이 되고, 하나님의 위대하고 놀라운 사랑과 그분의 깊은 섭리 앞에 무릎을 꿇게 되었다. 우리는 쉽게 사람들의 어려움을 보고 끝났다고 한다. 하지만 하나님 앞에서는 끝나도 끝난 것이 아니다.

그러한 하나님의 놀라운 사랑, 은혜의 섭리 가운데 아름다운 사람들이 등장한다. 그 중심인물인 룻과 보아스는 '율법이 성육신 하면 저런 사람이 되는 것이구나' 라는 것을 보여준다. 그들로 인해 절망으로 시작한 룻기는 행복과 감동이 가득한 사랑의 전원일기가 된다. 이 아름다운 스토리는 궁극적으로 다윗왕의 탄생으로 이어진다. 위대한 다윗을 배출한 것은 권력도 부도 아니었다. 스토리의 힘이었다. 얼마나 부유한지가 아니라, 어떤 네러티브가 있는지가 명문가를 결정한다. 룻기의 스토리는 이기적인 이 땅에서 우리 가정의 스토리가 어떠해야 하는지를 보여준다. 룻기의 헤세드 이야기는 행복한 가정을 이루는 교과서와 같다.

이것이 단순한 먼 옛날의 이야기로 그치지 않는 이유는, 우리가 그 속에서 예수님의 그림자와 향기를 발견하기 때문이다. 이 모든 스토리의 완성자는 예수님이시다. 예수님에게서 율법이 성육신하신 절정을 본다. 진정한 고엘의 모습을 본다. 예수님은 성경이 자신에 대해서 기록하신 것이라고 하셨다. 룻기의 구석구석에서, 등장인물들의 스토리 속에서 참 아름답고 사랑스러우신 예수님을 발견한다. 룻기를 덮으면 아름다우신 예수님이 더 선명해진다. 그리고 그분 안에서 행복한 가정, 행복한 교회를 꿈꾸게 된다. 룻기는 가정을 회복시키는 복음서이다.

내게 더사랑의교회는 룻기의 아름다운 베들레헴 공동체와 같다. 사랑스러운 성도들이 룻기의 풍성함을 퍼 올리는 영감의 원천이 되었다. 날마다 말씀 안에서 성장해가는 아름다운 성도들에게 사랑을 전하고 싶다.

2024년 4월
이인호 목사

Ruth

1장

그래도 소망이 있다

룻 1:1~5

룻기는 '사사들이 치리하던 때'라는 표현으로 시작된다.
이는 당시의 어두운 사회적 전반을 떠오르게 한다.
배신과 불신이 가득하고 폭력과 이기주의가 판을 치는 세상에서
극한의 고난이 시작되었다.
당장 오늘의 양식을 고민해야 하는 흉년의 때에
한 가족의 가장으로서 엘리멜렉은 과연 무엇을 선택해야 했을까?
사실 룻기는 하나님의 인애와 사랑 곧 헤세드를 찾아가는
아름다운 이야기이다.
하지만 그 출발은 너무 어둡고 절망적이다.
하나님은 과연 이 가족을 통해 무엇을 보여주고자 하셨을까?

실패에서 배우는 오늘의 교훈

한 집안의 가장인 엘리멜렉은 큰 결단을 내렸다. 흉년으로 더 이상 먹을 것을 얻지 못하게 되자 유다 베들레헴을 떠나기로 한 것이다. 하지만 문제는 그들이 가기로 한 곳이 모압 지방이라는 데 있다. 모압은 우상숭배와 배신의 역사로 이스라엘 총회에서도 거절된 지역이었기에 하나님을 섬기던 엘리멜렉 가정이 발을 들여놓아서는 안 되는 곳이다. 그런데도 그는 이주를 결심하였다. 왜 이런 결단을 내리게 되었을까?

말씀으로 해석하라

모든 실패의 출발은 해석의 실패에서 시작된다. 엘리멜렉은 극심한 흉년이 닥치자 좀 더 풍요로운 곳으로 시선을 돌렸다. 아무것도 하지 않고 이대로 있으면 가족이 망할 것 같은 절박함이 있었기 때문이다. 그의 선택이 과연 바르다고 말할 수 있을까?

하나님은 어떤 분이신가? 고린도전서는 사람이 감당할 시험밖에는 당한 것이 없다고 단언한다. 하나님은 미쁘셔서 우리가 감당하지 못할 시험 당함을 허락하지 않으시고 또 시험당할 즈음에 피할 길을 내주시어 능히 감당하게 하시는 분이기 때문이다(고전 10:13). 그렇기에 시험을 당할 때면 문제 속에서 하나님의 뜻을 살피는 것이 중요하다.

우리는 어떻게 문제 속에서 하나님의 뜻을 살필 수 있을까? 바로 하나님의 말씀을 통해 가능하다. 우리가 하나님의 말씀을 묵상한다는 것은 그 말씀을 오늘 내 삶에 비추어 본다는 것을 의미한다. 우리가 그분의 말씀에 귀를 기울일 때 하나님은 우리가 나아가야 할 길을 알려주시고, 그 말씀이 내 삶을 해석해 주는 은혜를 경험한다. 우리 삶에서 문제가 해석되면 이제 더 이상 문제는 우리를 괴롭히지 못한다.

사랑으로 보살피는 땅 | 성경 본문은 사사들이 치리하던 때에 그 땅에 흉년이 들었다(1절)고 설명한다. 여기서 '그 땅'은 가나안 땅으로 이스라엘 모든 지역을 가리킨다. 신명기는 이스라엘 백성들이 앞으로 가야 할 가나안 땅이 어떤 곳인지 설명한다.

"네 하나님 여호와께서 돌보아 주시는 땅이라 연초부터 연말까지 네 하나님 여호와의 눈이 항상 그 위에 있느니라"(신 11:12). 바로 여호와께서 돌보시는 땅이라는 의미이다. 그 땅은 여호와께서 항상 주목하시며 사랑으로 보살피시는 땅이다. 그 증거가 6절에서 서술된다. "여호와께서 자기 백성을 돌보시사 그들에게 양식을 주셨다 함을 듣고"(룻 1:6). 이스라엘 땅은 결코 여호와께서 버리실 수 없으며, 오히려 사랑으로 돌보시는 곳이다. 이것이 그 땅의 특성이다.

가나안 땅은 그리스도 안에 들어온 우리의 위치를 상징한다. 예수님 안에서 우리 가정은 하나님이 돌보시는 은혜를 얻는다. 예수님을 믿고 하나님의 자녀가 된 가정은 항상 하나님의 눈이 살펴보시는 은혜 안에 살게 된다. 이것이 그 땅의 의미요, 예수님을 믿는 가정의 은총이다.

흉악한 시대를 향한 하나님의 심판 | 왜 하나님이 돌보시고 지켜보시는 그 땅에 흉년이 온 것일까? 왜 이렇게 거대한 시련이 온 것일까? 하나님이 주무시기 때문일까, 아니면 하나님이 계시지 않기 때문일까?

1절은 그 이유를 추정하게 한다. "사사들이 치리하던 때"(1절). 이 문제는 바로 사사 시대에 일어났다는 것이다. 성경은 사사 시대의 특징을 단 한 줄로 설명한다. "그 때에 이스라엘에 왕이 없으므로 사람이 각기 자기의 소견에 옳은 대로 행하였더라"(삿 21:25). 여기서 왕이 없다는 것은 하나님의 뜻대로 다스릴, 다윗 같은 왕이 없었다는 의미이다. 당시 이스라엘 백성들은 하나님의 말씀을 떠나 자기 소견대로 마음껏 죄를 범했다. 이런 흉악한 시대를 향해 하나님께서 심판의 칼을 꺼내신 것이다. 그렇다면 흉년을 통해 하나님은 어떤 메시지를 주시고자 하셨을까? 그것은 왕이신 하나님의 통치 아래로 돌아오라는 것이다.

눈앞의 유혹 | 흉년이 없는 모압 땅은 엘리멜렉에게 큰 유혹이었을 것이다. 그는 분명 잠시 흉년을 피하면 된다는 계산을 세웠을 것이다. 하지만 모압 땅은 어떤 곳인가? 모압은 롯이 두 딸과 근친상간으로 출생한 아들 중 하나에서 시작된 족속으로서(창 19:36~38) 이스라엘 백성들을 음란에 빠지게 한 바 있었다(민 25장). 그들은 인신

제사를 드리는 그모스 신을 섬겼으며(왕하 3:27) 여호와의 총회에 들어오지 못하도록 선고된 자들이었다(신 23:3). 이러한 자들의 땅이 바로 모압 땅이었다.

하나님은 이 흉년을 통해서 이스라엘 백성이 왕이신 하나님께 돌아오길 원하셨다. 그런데 어리석게도 엘리멜렉은 눈앞의 풍요에 눈이 멀어 하나님의 통치 밖으로 넘어가 그모스 신의 땅으로 갔다. 성경은 그의 죽음의 이유를 명확하게 밝히지 않지만 하나님의 심판이 따랐던 것으로 생각할 수 있다.

마태복음에 나타난 계보에 따르면 이때는 사사 시대 초기였다. "살몬은 라합에게서 보아스를 낳고 보아스는 룻에게서 오벳을 낳고 오벳은 이새를 낳고"(마 1:5).

성경은 보아스를 낳은 자로 '라합'을 지목한다. 그가 가나안 정복의 초기 사람임을 감안하면 이때는 가나안 땅에 들어가서 땅을 분배받고 정복하는 사명을 실행해야 하는 때였다고 볼 수 있다. 그럼에도 엘리멜렉은 흉년이 들자 자신이 분배받은 땅을 버리고 떠났다. 이는 사명을 저버린 중범죄가 아닐 수 없다. 그는 먹거리 앞에 신앙도 사명도 버린 근시안적인 시각을 가진 자였다. 그의 행동은 오직 경제적 원리만이 삶의 전부라고 고백한 것과 같다. 신자는 먹고살라고 부름받은 사람이 아니다. 우리에게 중요한 것은 신앙이고 사명이다.

중요한 것은 하나님과의 관계 | 우리가 하나님의 백성으로 살아가는 것이 쉽지 않은 이유가 여기에 있다. 아무리 삶의 영역이 같고

동일한 경제 활동을 하더라도 신자에게는 세상 사람들과 전혀 다른 원리가 적용된다.

"네가 들어가 차지하려 하는 땅은 네가 나온 애굽 땅과 같지 아니하니 거기에서는 너희가 파종한 후에 발로 물 대기를 채소밭에 댐과 같이 하였거니와 너희가 건너가서 차지할 땅은 산과 골짜기가 있어서 하늘에서 내리는 비를 흡수하는 땅이요"(신 11:10~11).

풍성한 나일강이 있는 애굽 땅은 발로 부지런히 물을 대는 땅이었다. 그 땅에서 문제가 생기면 부지런히 발 빠르게 움직여 해결해야 했다. 이것이 세상의 원리다. 하지만 가나안 땅은 하나님이 하늘에서 이른 비, 늦은 비를 주시는 땅이기에 하나님과의 관계가 가장 중요했다. 만일 문제가 생기면 그 원인을 하나님과의 관계에서 찾아야 했다.

믿지 않는 자는 세상 속에서 발 빠르게 움직이며 부지런히 살아간다. 그런데 믿음의 가정은 이와 다르다. 열심히 공부하고 열심히 사업한다고 해서 형통해지지 않는다. 하나님과의 관계가 중요하다. 하나님의 백성에게는 그들만의 길이 있다. 그런데 자꾸 사람들의 이야기를 듣고, 그들의 길을 따라가려고 한다. 우리는 여호와의 입에서 나오는 모든 말씀으로 살아야 한다(신 8:2). 지금 당장 죽을 것 같고 망할 것 같아도 신자는 하나님의 말씀 안에 머물러 살아가야 한다.

가장의 무게 | 엘리멜렉의 이야기를 통해 우리는 한 가정을 책임진 가장의 신앙이 얼마나 중요한가를 발견하게 된다. 이 비극의 출

발은 가장의 연약한 신앙에 있다고 볼 수 있다. 종종 가장은 세상의 치열한 경쟁 속에서 일하다 보니 자신의 선택이 항상 옳다고 여기며 가족의 의견을 무시하곤 한다. 그러면서도 자신은 바쁘니 자신을 위해 기도해 달라고 요청한다. 이것이 바로 엘리멜렉의 모습이다.

엘리멜렉이란 이름은 '하나님은 나의 왕이시다'라는 뜻을 가지고 있다. 하지만 그의 삶은 전혀 그렇지 못했다. 그는 하나님을 왕으로 모시지 않았고, 오히려 자신이 왕이 되어 자기 뜻대로 선택하고 행동하는 세상 사람들과 다르지 않았다. 이름값을 하지 못하는 '무늬만 신앙인'이 바로 그의 모습이었다. 그는 자신의 이름과 달리 하나님 앞에 무릎 꿇을 줄을 몰랐다.

엘리멜렉은 오늘날 가장의 진짜 이름이어야 한다. 그래서 하나님이 나의 왕이심을 고백하며 그분 앞에 무릎 꿇고 가정을 이끌어 가야 한다. 그러할 때 하나님은 진정 우리의 왕이 되시어 우리 가정을 통치하시며 극한 시련도 능히 이기도록 인도해 주실 것이다.

영적으로 침체할 때 중요한 결정을 하지 마라

믿음이 다운되고 영적으로 침체하였을 때 우리는 하나님의 뜻을 분별하기가 어렵다. 그때 중요한 결정을 하면 반드시 실수하게 되어 있다.

자녀는 부모의 영적 상태를 비추는 거울이다 | 엘리멜렉과 나오미가 그릇된 결정을 할 때, 그들의 영적 상태는 매우 침체해 있었다.

"그 사람의 이름은 엘리멜렉이요 그의 아내의 이름은 나오미요 그의 두 아들의 이름은 말론과 기룐이니"(2절).

성경은 엘리멜렉의 가족들 이름을 하나씩 서술한다. 좋지도 않은 일에 굳이 이름을 밝히는 이유는 그들의 이름을 통해 전달하고 싶은 이야기가 있기 때문이다. 앞에서 언급했듯이 엘리멜렉은 '하나님은 나의 왕이시다'라는 뜻이고, 나오미는 '기쁨'이란 뜻을 가지고 있다.

우리가 본문에서 주목해야 할 것은 두 아들이다. 말론은 '병들었다', 기룐은 '쇠약하다'라는 뜻을 각각 가지고 있다. 생각해 보라! 아무리 자녀들이 병들고 쇠약하다 해도 누가 자녀의 이름을 이렇게 짓겠는가. 자녀는 부모의 신앙을 비추는 거울이다. 이후에 나오미가 자신을 '마라'라고 부르도록 요청한 것을 보면, 말론과 기룐이란 이름 또한 메시지를 전달하는 장치로 이해힐 수 있다. 즉 이들의 이름은 부모의 영적 상태를 암시하는 것이라고 볼 수 있다. 불신앙의 험한 외지에서 부모의 신앙은 정말로 병들고 쇠약해지고 있었다.

모든 선택에는 영적인 이유가 있다 | 엘리멜렉과 나오미는 영적으로 병들고 쇠약해져 있었기 때문에 잘못된 결정을 내릴 수밖에 없었다. 우리는 어려움이 왔을 때 어떠한 선택을 한 후 어쩔 수 없었다고 말하며 그럴 수밖에 없는 육체적·경제적·사회적 이유를 대곤 한다. 하지만 근원적으로 우리의 선택에는 언제나 영적인 이유가 있다.

하나님은 영적인 이유를 중시하신다. 사실 흉년에 잠시 가나안을 떠나는 것이 항상 나쁜 것은 아니다. 엘리사는 흉년에 수넴 여인을 불러 블레셋에 가 있으라고 명했다(왕하 8:1). 이삭도 흉년에 블레셋 지역인 그랄로 갔다(창 26:6). 그곳에서 풍작을 거두고 거부가 되었다. 다윗은 사울에게 쫓길 때 모압 왕에게 부모를 부탁하고 그 요새에 잠시 몸을 숨긴 바 있다(삼상 22:3).

우리가 이 세상을 살아갈 때 과연 어디가 모압이고 어디가 베들레헴인가? 오늘 그리스도 안에서 우리가 구별해야 하는 것은 장소가 아니다. 중요한 것은 영적 상태이다. 하나님이 왕이신가, 아니면 자신이 왕인가? 바로 이것이다.

신앙이 병들고 쇠약해져 있어 믿음으로 행하지 않는다면, 같은 행동이라도 의미가 달라진다. 엘리멜렉의 행동은 영적으로 후퇴하는 것이요, 하나님의 말씀을 벗어나는 것이요, 하나님의 사명에서 도피하는 것이었다. 이러한 선택은 그와 그의 가정에 큰 어려움을 가져다주었다.

믿음이 충만하다면 우리는 무엇이든지 할 수 있다. 먹든지 마시든지 무엇을 하든지 주의 영광을 위해서 하면 된다. 어디로 이사 가면 되고 안 되고의 문제가 아니다. 우리가 어디를 가든지 주님이 함께하시면 된다. 이것이 신약 시대의 원리다. 중요한 것은 여전히 주님을 사랑하는가, 주님께 순종하는가, 주님이 왕이신가, 주님이 나의 기쁨인가 하는 것이다. 그렇다면 우리는 무엇이든지 할 수 있다. 우리가 어디에 있든지 그곳이 주의 땅이며 무엇을 하든지 순종하고 있는 것이다.

영적 퇴보는 불행을 가져 온다 | 첫째, 잠깐이 영원이 된다. 룻기 1장 1절은 그들이 "모압 지방에 가서 거류하였는데"라고 말한다. 여기서 '거류하였는데'를 개역성경은 '우거하였는데'로, 새번역성경은 '임시로 살려고'로 번역했다. NIV도 '잠깐 살려고'(to live for a while)로 번역하였다. 이를 종합해 볼 때 그들은 완전히 정착하기 위해 모압에 간 것이 아니라 잠시 살려고 간 것임을 알 수 있다. 잠깐 갔다가 상황이 좋아지면 다시 돌아올 생각으로 나갔는데 그들의 계획대로 되지 않았다. 그리하여 무려 10년을 그곳에 머물렀다. 그동안 무슨 일이 일어났는가?

"나오미의 남편 엘리멜렉이 죽고 나오미와 그의 두 아들이 남았으며"(3절). 금방 돌아갈 것으로 생각했는데, 엘리멜렉이 이방 땅에 묻히고 말았다. 영원히 돌아오지 못했다. 그러면 나오미와 두 아들이라도 돌아와야 했다. 그런데 어떻게 되었는가?

"그들은 모압 여자 중에서 그들의 아내를 맞이하였는데"(4절). 두 아들은 그곳에서 모압 여인과 눈이 맞아 결혼하고 만다. 나오미는 자녀들의 신붓감을 유대에서 찾아야 했다. 유대로 두 아들을 보내 아내를 찾아오게 해야 했다. 하지만 그녀는 그렇게 하지 않았다. 그럴 마음이 없었기 때문이다. 그렇게 결혼하고 10년의 세월이 지났다. 그동안 행복하게 살았을까? 그들의 이름을 보건대, 10년이 지나면서 그들은 병들고 쇠약해졌다. 이게 무슨 일일까? 그들은 이것을 하나님 품으로 돌아오라는 하나님의 사인으로 보아야 했다. 하지만 그들은 고집스러웠고 끝내 베들레헴으로 돌아가지 않았다.

"말론과 기룐 두 사람이 다 죽고 그 여인은 두 아들과 남편의 뒤에 남았더라"(5절). 이제 두 아들도 영원히 돌아오지 못하고 모압 땅에 묻히고 말았다. 잠깐 가려고 했던 것이 10년이 흘렀고, 남편과 두 아들은 영원히 돌아가지 못했다. 이것은 영적인 사망을 의미하는 것으로 볼 수 있다. 세상은 결코 우리를 쉽게 놔주지 않는다. 잠깐이 영원이 된다.

둘째, 다 빼앗기고 나서야 돌아온다. 나오미는 언제 하나님께서 다스리시는 땅으로 돌아갔는가? 성경은 "그 여인은 두 아들과 남편의 뒤에 남았더라"(5절)라고 표현한다. 여인만 남았다는 것은 완전히 파산했다는 의미로 볼 수 있다. 이때 나오미는 놀라운 소식을 듣게 된다.

"여호와께서 자기 백성을 돌보시사 그들에게 양식을 주셨다 함을 듣고"(룻 1:6). 과연 지난 10년 동안 가나안 땅에 흉년만 있었을까? 아마 그렇지 않았을 것이다. 또 혹시 그랬다고 할지라도 하나님은 분명 가나안 땅에 머물러 있던 백성들을 돌보고 계셨다. 그런데 엘리멜렉의 가정은 왜 돌아가지 않았을까? 나름 모압 땅에서 살 만하니 굳이 돌아갈 필요를 느끼지 못한 것이다. 혹은 남편이 죽고 돌아간다는 것이 자존심 상했을 수도 있다. 하지만 두 아들까지 죽어 더 이상 살길이 없게 되자, 나오미는 그제야 하나님이 자기 백성을 돌보셔서 양식을 주셨다는 소식에 귀를 기울이게 된다. 고난의 극한 상황에 몰리고 나니, 그제야 하나님의 말씀이 들리고 그 말씀에 비춰 자신의 행동을 돌아볼 수 있게 된 것이다.

엘리멜렉의 가정은 모압으로 이주할 때만 해도 살 만한 형편이었던 것 같다. 타국으로 이주해 거기서 생활하겠다고 생각한다는 것

자체가 어느 정도 경제력이 있다는 의미이기 때문이다. 그런데 그런 나오미가 이제 모든 것을 잃고 초라한 모습으로 돌아오게 되었다. 풍족하게 나갔지만 텅 비어 돌아오게 되었다. 텅 비니 그제야 하나님이 보이고 하나님을 생각할 수 있게 되었다. 아버지 집을 떠난 탕자가 언제 아버지를 생각하였는가? 모든 것을 잃은 후 흉년을 맞아 궁핍하게 되었을 때가 아닌가(눅 15:14). 고난이 하나님의 확성기라는 말이 맞아떨어진다.

셋째, 힘들 때는 엎드려 인내해야 한다. 영적으로 침체할 때 힘들다고 섣불리 어떤 결정을 하거나 뒤로 물러나면 안 된다. 성경은 힘들 때 물러나라고 말하지 않는다. 히브리서는 고난의 큰 싸움 앞에서 다음과 같이 경고한다. "또한 뒤로 물러가면 내 마음이 그를 기뻐하지 아니하리라 하셨느니라 우리는 뒤로 물러가 멸망할 자가 아니요 오직 영혼을 구원함에 이르는 믿음을 가진 자니라"(히 10:38~39). 고난의 때에 우리는 인내가 필요하다. 고난은 시험의 때요, 인내의 때다. 우리는 엘리멜렉처럼 하면 안 된다. 주님의 손 아래서 회개하며 겸손하게 인내해야 한다. 인내로 주님 앞에 한 발자국 더 나아가야 한다.

우리 믿음의 선조들은 고통 중에 언제나 기도했던 것을 볼 수 있다. 깨어 밤마다 기도하고, 이불을 싸 들고 교회에 가서 기도하고, 혹은 산에 올라가 기도했다. 이것이 바른 신앙의 모습이다. 엘리멜렉처럼 육신적인 도피행각을 벌이면 죽는다. 주님 앞에 나아가 인내하며 엎드릴 때 살게 된다. 주 앞에 엎드릴 때, 고난 속에 감추어진 복이 드러난다.

왕이신 하나님께
여쭈라

왕 되신 주님 | 룻기는 엘리멜렉의 가정을 통해 왕이신 하나님을 떠난 인생의 비극, 즉 왕이 없는 가정의 비극을 보여준다. 그런데 여기서 소망이 어디에 있는가? 하나님이 그런 가정을 긍휼히 여기셔서 그 가정에 아들을 주신 사실에 있다. 그가 다윗의 조상이자 메시아의 조상이다. 결국 절망의 가정에 왕이 오셨다. 이렇게 하나님은 나오미의 기쁨을 회복시켜 주신다. 이것은 결국 우리 가정의 회복과 소망은 오직 주님이 우리 가정의 왕이 되시는 데 있음을 말해 준다. 예수님이 주인이 되시는 가정, 이것이 복된 가정의 비결이다.

예수님이 왕이신 가정 | 우리는 어떻게 실제적으로 예수님이 왕이 되시는 가정을 세워갈 수 있을까?

첫째, 주님이 왕이신 가정은 주님께 예배를 드린다. 하나님은 예배하는 가정을 찾으신다. 아브라함은 가는 곳마다 제단을 쌓았다. 우리가 하나님을 예배하기 시작할 때, 하나님은 그 가정과 자녀의 인생에 복을 주시기 시작하신다. 예배를 회복해야 한다.

둘째, 주님이 왕이신 가정은 주님의 말씀을 듣는다. 주님의 말씀을 듣기 위해 우리는 늘 말씀을 읽고 묵상해야 한다. 말씀을 읽고 묵상하고 순종할 때, 우리는 주님이 왕이 되시는 역사를 체험하게 될 것이다.

셋째, 주님을 왕으로 모신 가정은 주님께 기도로 묻는다. 모든 일을 주님께 물을 때 진정 주님을 왕으로 인정하고 모시는 삶이라고 할 수 있다. 엘리멜렉은 가장 중대한 결정에서 하나님께 묻고 기도하지 않았다. 다만 자기 소견에 옳은 대로 행하였다. 하나님을 우리 가정의 왕으로 고백한다면, 우리는 늘 기도로 물으며 주님을 의지해야 한다. 엘리멜렉의 실패는 반드시 주님께 묻는 삶, 기도하는 삶을 살아야 할 것을 교훈한다. 우리 가정이 매일 기도하는 습관을 갖도록 결단하고 노력하는 것이 필요하다.

■ 생각 나누기

- 신실하신 하나님을 기억할 때 우리가 고난 가운데서도 하나님의 뜻을 살필 수 있는 가장 좋은 방법은 무엇인가?
- '애굽과 가나안의 원리 차이'를 생각할 때 오늘날 우리가 이 땅에서 잘되기 위한 필수 조건은 무엇인가?
- '엘리멜렉'이란 이름의 뜻을 생각할 때 그가 가장으로서 지녀야 할 가장 중요한 원리는 무엇이었는가?
- 영적으로 침체할 때 중요한 결정을 하면 안 되는 이유는 무엇인가?
- 엘리멜렉의 가정이 겪은 영적 퇴보의 결과는 무엇인가?
- 어떻게 하면 예수님이 왕이신 가정을 세워갈 수 있는가?

Ruth

2장

버려진 것이 아니라
남겨진 것이다

룻 1:6~18

나오미는 타국 생활 10년 만에 모든 것을 잃었다.
먼저는 남편을, 이후에는 두 아들마저 그녀 곁을 떠나 버렸다.
나오미는 더 이상 보호받는 아내와 어머니의 자리를 갖지 못하게 되었고,
삶의 무게를 오롯이 져야 하는 가장이 되었다.
슬프고 가난한 가정이
하나님의 인애와 헤세드를 발견하는 방법은 무엇일까?

하나님이 남겨두신 이유

성경은 엘리멜렉이 죽은 후, 초점을 나오미에게 맞추고 있다. 남편이 부재한 상황에서 나오미는 가정을 책임져야 했다. 가정의 대표라는 새로운 지위를 감당하게 된 것이다. 이런 나오미에 대해 성경은 '남았더라'라는 단어로 설명하는데(룻 1:3,5), 이는 나오미를 설명하는 중요한 핵심 단어가 된다. '남은 자'인 나오미는 이제 하나님의 인애와 헤세드를 찾는 긴 여정을 시작하게 되었다.

회개의 기회를 발견하라

성경에서 '남았더라'라는 단어는 사별, 즉 죽음으로 사랑하는 사람과 겪게 된 이별을 가리킬 때(창 7:23; 출 14:28) 사용된다. 또한 하나님의 진노와 심판에서 살아남은 자를 가리킬 때도 이 단어가 사용된다(레 26:36; 신 4:27). 남은 자로서 나오미는 슬픔의 자리에 앉아 있는 불쌍한 여인이기도 하지만 하나님의 심판과 자비를 목격한 체험자이기도 했다. 3절을 보라. "나오미의 남편 엘리멜렉이 죽고 나오미와 그의 두 아들이 남았으며"(룻 1:3).

엘리멜렉이 죽은 이유는 무엇인가? 하나님이 엘리멜렉을 죽이신 것은 그가 가족을 이끌고 모압 땅으로 왔기 때문이다. 하나님께서 징계의 손으로 그를 치신 것이다. 그것을 깨달았기에 나오미는 여호와의 손이 자신을 쳤다고 말한다(13절 후반). 하지만 그 가운데서 나오미와 두 아들이 남았다는 것은 하나님께서 베푸신 자비이다. 하나님은 가족 모두를 죽이지 않으시고 그들을 남기셨다. 그것은 죄에서 돌이켜 살라는 하나님의 자비요, 회개를 기다리시는 하나님의 은혜라 할 수 있다. 나오미는 남편이 죽고 자신들이 남겨졌을 때 이를 깨닫고 즉시 두 아들을 데리고 하나님의 인애와 헤세드가 있는 그 땅으로 돌아가야 했다.

은혜를 이용하면
망한다

영적으로 둔감하면 하나님의 은혜가 은혜인 줄 모른다. 심판 중에 남겨진 이유가 하나님의 은혜요, 바로 회개의 기회란 사실을 깨닫지 못한다. 영적으로 둔감한 나오미는 심판 중에 남겨진 두 아들을 여전히 자신이 기댈 수 있는 소망으로 바라보았다. 아직 자신이 기댈 수 있는 두 아들이 남아 있다고 여기며 스스로를 위로했다.
 이는 마치 애굽의 바로가 이스라엘 백성을 놓아주지 않아 하나님께 심판의 재앙을 당하면서도 버티던 그 강퍅함과 같다. 바로는 극심한 재앙 중에도 아직 그에게 남아 있는 것을 바라보며 끝까지 버텼다.
 "그러나 밀과 쌀보리는 자라지 아니한 고로 상하지 아니하였더라"(출 9:32).

하나님께서 내리신 재앙은 강렬하여 밭의 채소가 다 파괴되어 버렸지만 아직 남아 있는 것이 있으니 그것을 바라보고 회개하지 않은 것이다. 결국 하나님은 재앙을 내리셔서 남은 것을 다 가져가시고 끝내 장자까지 거두어 가셨다.

나오미는 어떠했는가? 그녀는 남편이 죽자 자신에게 남겨진 두 아들을 희망으로 여겼다. 그래서 그들을 결혼시키고 계속 모압에서 눌러살고자 하였다. 하지만 하나님은 그녀의 계획을 철저히 무너뜨리셨다. "말론과 기룐 두 사람이 다 죽고 그 여인은 두 아들과 남편의 뒤에 남았더라"(룻 1:5).

이후에 그녀가 고백하듯이 하나님은 그녀를 징벌하셨다(룻 1:21). 이제 나오미 홀로 남게 되었다. 5절은 그녀가 '남았다'고 다시 한 번 언급한다.

아직도 한 가닥 은혜가 남아 있다

하나님께서 나오미에게 주시려는 교훈은 무엇이었을까? 그것은 그녀의 가정을 징벌하시고 치시지만 여전히 한 가닥 은혜가 남아 있다는 것이다.

우리는 이렇게 남겨진 것을 저주라고 생각한다. 차라리 죽는 게 낫다고 생각하기도 한다. 나오미 역시 자신의 삶을 쓰디쓴 인생,

'마라'라고 한탄한다. 사랑하는 가족이 다 죽고 홀로 남았으니 그 삶이 무슨 의미가 있겠는가! 하지만 하나님은 그녀를 남겨 두셨다. 그녀에게 은혜를 주시고자 하신 것이다.

홀로 남음이 은혜이다. 의지할 것이 모두 사라지게 될 때에야 비로소 우리는 근본을 되돌아보게 되기 때문이다. 나오미는 자신이 의지하던 남편과 두 아들이 모두 사라지고 홀로 남게 되자 드디어 하나님께 돌아갈 결심을 하게 되었다. 하나님은 나오미가 하나님의 인애와 헤세드가 있는 땅으로 돌아가고자 결심할 때부터 그녀의 모든 발걸음에 함께하셨고, 그녀와 동행한 며느리 룻을 통해 그동안 꿈꾸어온 미래를 이어갈 수 있게 하셨다.

남겨져 있다는것 자체가 은혜의 섭리이다 | 우리는 많은 재산과 직장, 사업을 잃을 수도 있고, 혹은 나오미처럼 사랑하고 의지할 이를 떠나보낼 수도 있다. 어쩌면 그것이 하나님의 징계일 수 있다. 하지만 그것이 '너는 끝났다', '너는 저주받았다'라는 의미는 아니다. 남았다는 것, 살아 있다는 것 자체가 바로 은혜의 기회 가운데 있다는 증거이다. 우리가 그 징계의 자리에서 하나님만을 의지하고 하나님께로 돌아가기 시작한다면, 우리 인생은 다시 새롭게 펼쳐질 것이다. 그러므로 이미 떠난 일을 아쉬워하거나 한탄하지 말아야 한다. 우리는 오직, 남겨진 그 속에서 하나님의 은혜를 읽고 다시 일어나야 한다.

하나님은 하나님만 의지하는 한 사람을 찾으신다 | 하나님께서 나

오미를 홀로 남기신 사건 속에서 발견할 수 있는 또 다른 메시지는 그만 돌아오라는 은혜의 음성이다. 하나님께서 자신을 고난 중에 남게 하셨다면 다시 하나님 품으로 돌아오라는 메시지로 이해해야 한다. 하나님께로 돌아갈 때만이 다시 살 수 있게 된다. 우리는 의지할 대상을 바로 깨달아야 한다. 하나님이 아닌 다른 것은 그 무엇도 우리에게 소망이 되지 않는다. 오직 하나님만이 우리의 소망이요, 우리가 돌아가야 할 진정한 목적지이다. 하나님은 우리가 멈출 때까지 우리를 향한 메시지를 멈추지 않으실 것이다.

팬데믹의 여파로 한국교회가 많이 감소하였다. 많은 성도가 교회를 떠나 아직도 돌아오지 않고 있다. 떠난 그들로 인해 우리 마음이 슬프다. 이런 상황 속에서 남아 있는 우리를 향해 하나님이 주시는 메시지는 무엇일까? 바로 주님만 의지하라는 것이다. 우리가 돌이켜 하나님만 의지할 때 거기서부터 새로운 역사가 나타나게 된다. 하나님의 역사는 숫자가 아니다. 하나님의 역사는 오직 하나님만 의지하는 한 사람에게서 시작된다.

나오미의 삶에서 우리는 한 가지 공식을 발견할 수 있다. 그것은 하나님 없이 떠난 나오미의 삶은 결국 텅 빔으로 마치게 된다는 점이다. 우리 인생에서 하나님을 빼면 결국 텅 비게 된다. 하지만 텅 빈 그가 하나님께로 돌아갈 때 새로운 삶이 나타나게 된다. 하나님의 계획은 바로 거기서부터 시작된다.

하나님은 남은 자를 통해서 일하신다 | 우리는 여기서 성경의 '남은 자 신학'의 흔적을 찾을 수 있다. 두 명의 모압 며느리, 오르바와

룻의 입장에서 생각해 보라. 아무 소망이 없던 어둠의 땅에 엘리멜렉 가정이 옴으로써 하나님을 아는 빛이 비치었다. 이 가정에 시집을 온 것이 그 두 사람에게는 하나님을 아는 기회가 된 것이다. 다시 말해 엘리멜렉 가정의 타락이 오히려 이방 여인 룻에게 은혜의 기회가 되었다.

여기서 우리는 한 가지 모형을 발견한다. 바울은 로마서에서 어떻게 이방인이 구원을 얻게 되었는가를 설명하면서 유대인의 넘어짐을 말한다. "그들이 넘어짐으로 구원이 이방인에게 이르러 이스라엘로 시기 나게 함이니라"(롬 11:11 하). 그들의 넘어짐 즉 타락으로 인해 구원이 이방인에게 넘어왔다는 것이다.

여기서 우리는 그 그림자를 볼 수 있다. 엘리멜렉과 두 아들은 이스라엘 신앙의 쇠약을 보여준다. 그런데 이들이 하나님을 떠난 것이 이방인 룻에게는 기회가 되었다. 여기서 중요한 단어는 '남은 자'이다. 그들의 신앙이 룻에게 접붙여지려면 남은 자 즉 그루터기가 있어야 한다. 그래서 하나님이 엘리멜렉과 두 아들이란 나무는 잘라버리시는 중에도 나오미란 그루터기는 남겨두신 것이다. 우리는 여기서 성경의 남은 자 사상을 엿볼 수 있다.

하나님은 당신의 구원 역사를 이루어가실 때 바로 이 남은 자들을 통해서 일하신다. 엘리야가 이스라엘이 우상숭배에 빠져 자신만 홀로 남았다고 고백했을 때 하나님은 그에게 바알에게 무릎을 꿇지 않은 7천 명을 남기셨다고 하셨다(왕상 19:18). 하나님은 그들을 통해 당신의 역사를 이어가신다. 온 유다가 우상숭배로 타락할 때 하나님은 그들을 바벨론 포로로 보내셨다. 그리고 거기서 연

단되어 순수한 신앙을 갖게 된 남은 자들을 돌아오게 하셔서 다시 이스라엘을 세우셨다(사 10:21; 스 2:1~70). 하지만 그들은 결국 타락하여 예수님이 오셨을 때 알아보지 못하고 오히려 예수님을 십자가에 못 박았다. 그들은 그렇게 복음을 거부하여 멸망하고 말았다. 예루살렘은 디도 장군에게 함락되었고 이스라엘은 2천 년 동안 흩어져 버렸다. 그러나 하나님은 그루터기를 남겨두셨다. 그들이 바로 사도들을 위시하여 예수님의 복음을 듣고 회개하여 거듭난 초대교회 성도들, 즉 유대 그리스도인들이다. 그들을 통해서 하나님은 이방인을 접붙이셨다. 하나님의 백성으로 접붙이신 것이다. 그래서 오늘 우리가 원가지가 아니라 바로 저 유대의 남은 자 즉 그루터기에 접붙인 바가 되었다.

나오미는 바로 이 그림을 오늘 우리에게 보여준다. 하나님은 이 타락한 가정에 한 사람을 남기셨다. 그가 누구인가? 바로 나오미이다. 이 나오미가 드디어 하나님께로 돌아갈 때 붙좇는 자가 있었다. 이방인 며느리 룻이다. 남은 자 나오미를 통해 룻이 접붙여지고 그녀를 통해 메시아 계보가 만들어지는 이 놀라운 역사가 바로 여기서 시작된다.

결국 룻의 이야기가 펼쳐지려면 그루터기가 필요하다. 우리 가정에도 룻기의 소망 이야기가 펼쳐지려면 그루터기가 필요하다. 하나님을 의지하는 남은 자, 그 한 사람이 필요하다. 여기서 우리는 한번 질문해 보아야 한다. 나는 우리 가정의 남은 자인가? 우리는 자녀들에게 접붙여질 신앙의 그루터기로 존재하는가? 우리 가정은 이웃에게 전할 신앙의 불꽃을 가지고 있는가?

왜 하나님이 고난을 통해 자꾸 가져가시고 잃게 하시는가? 남겨진 우리가 하나님만 바라보는 그루터기가 되게 하시려는 것이다. 우리는 나오미처럼 하나님께로 돌아가야 한다. 그럴 때 하나님은 우리에게 룻을 보내시고 새로운 세대, 새로운 부흥을 일으켜 주실 것이다.

붙좇는 신앙을 가져라

여기서 살펴봐야 할 또 다른 부분은 나오미에게 접붙여진 룻의 신앙이다. 성경에서 룻을 설명하는 중요한 단어는 '붙좇다'이다.

"그들이 소리를 높여 다시 울더니 오르바는 그의 시어머니에게 입 맞추되 룻은 그를 붙좇았더라"(14절).

히브리어로 '붙좇다'는 '따바크'로, 두 개의 물체가 물리적으로 딱 달라붙어서 떨어지지 않는 상태를 가리킬 때 사용한다. 창세기 2장 24절에서는 아담이 아내를 만나 연합하여 한 몸이 되었음을 설명할 때 이 단어가 사용되었다.

그렇다면 룻이 나오미를 붙좇은 것은 그녀의 신앙이 시어머니에게 접붙여진 것으로 이해할 수 있다. 오늘 우리가 접붙여져야 할 대상은 예수님이다. 가지가 포도나무에 붙어 있어야 하듯이 우리는 예수님께 접붙여져야 한다. 룻의 붙좇는 신앙에서 볼 때, 우리가 예수님께 접붙여진다는 것은 무엇일까?

붙좇는 길은
사랑의 길이다

7절은 나오미와 두 며느리가 함께 유다 땅으로 돌아가려고 길을 나서는 장면을 묘사하고 있다. "두 며느리도 그와 함께 하여 유다 땅으로 돌아오려고 길을 가다가"(7절 하). 나오미는 두 며느리와 함께 유다 땅으로 돌아오려다가 '며느리들이 나를 따라오면 이들의 삶이 정말로 힘들게 되겠구나'라는 생각이 문득 들었다. 아마도 나오미가 자신의 고난 속에서 역지사지(易地思之)한 것 같다. 며느리들이 자신을 따라나서면 그들은 타국에서 고된 과부의 삶을 살게 될 것이다. 그러니 어머니 집으로 돌아가 새롭게 결혼하여 행복한 삶을 사는 것이 나을 것이다.

"나오미가 두 며느리에게 이르되 너희는 각기 너희 어머니의 집으로 돌아가라 너희가 죽은 자들과 나를 선대한 것 같이 여호와께서 너희를 선대하시기를 원하며 여호와께서 너희에게 허락하사 각기 남편의 집에서 위로를 받게 하시기를 원하노라 하고 그들에게 입 맞추매 그들이 소리를 높여 울며"(8~9절).

나오미는 두 며느리를 축복하였다. 그리고 그들이 죽은 남편과 자신을 선대했다고 감사를 전했다. 다시 말해 며느리들이 자신에게 헤세드를 베풀었다는 것이다. 나오미는 하나님이 며느리들을 선대해 주시길 축복한다. 여호와의 이름으로 축복한다는 말은 이것이 진심이라는 의미이다. 나오미는 며느리들이 자유롭게 다시 돌아가 새로운 남편을 만나 위로받고 새로운 삶을 살아가길 바랐다.

하지만 나오미 입장에서는 사실 며느리들을 보내면 대책이 없다. 모압에서 유다 베들레헴으로 가는 길은 지형상 험준한 산과 산맥을 넘어가야 했다. 걸어서 3일에서 5일 정도 걸리는 험난한 길이다. 이처럼 나이 많은 여인이 홀로 유다로 간다는 것은 생사를 건 모험이라고 할 수 있다. 또 돌아간다고 하더라도 혼자서 어떻게 먹고살 수 있을까? 그런데도 나오미는 며느리들의 처지를 생각하고 돌아가라고 하였다. 그것도 세 번이나 반복해서 말했다(8, 11, 12절). 그들의 행복을 위해서 그 외로움과 고통을 감내하겠다는 것이다. 이에 나오미가 돌아가라고 말하며 입을 맞추자 오르바와 룻은 소리 높여 울었다.

"그들이 소리를 높여 울며"(9절 하). 왜 며느리들이 이렇게 우는 것일까? 늙은 시어머니의 처지가 너무나 가슴 아팠기 때문이다. 남편과 아들 둘을 모두 잃은 상태에서 베들레헴으로 돌아가는 지금, 두 며느리마저 떠난다면 나오미는 정말 혈혈단신(孑孑單身)이 된다. 이런 시어머니를 생각하니 두 며느리 역시 마음이 아팠다. 그래서 서로의 처지를 안타까워하며 세 여인이 함께 목놓아 통곡하고 있다. 시어머니의 사랑의 권고 앞에서 며느리들의 반응은 무엇인가?

"나오미에게 이르되 아니니이다 우리는 어머니와 함께 어머니의 백성에게로 돌아가겠나이다 하는지라"(10절).

어머니와 함께 가겠다고 한다. 그런데 이것이 말처럼 쉬운 일이 아니다. 자신의 고향과 부모를 떠나야 하고, 타국에서 낯선 생활을 해야 한다. 이방인을 멸시하는 유대인의 외면도 받아야 한다. 더구나 망한 가문의 며느리로서 고생길은 너무 훤하다. 하지만 이러한 고난에 대한 두려움보다 시어머니를 걱정하고 사랑하는 마음이 더 컸다.

진정한 사랑은 아픔 가운데 있을 때 알게 된다. 이들은 나오미를 진정으로 사랑했던 것 같다. 그렇기에 나오미의 아픔을 자신의 아픔으로 헤아리고 그 아픔을 위해 자신의 삶을 내려놓으려 하였다. 우리는 그들에게서 진정한 사랑의 모습을 발견한다. 서로의 아픔을 생각하기에 시어머니는 돌아가라고 하고, 며느리들은 시어머니를 홀로 보내지 못한다.

이러한 모습은 요즘에는 보기 어려운 아름다운 고부관계가 아닐 수 없다. 나오미처럼 시어머니는 며느리의 고통을 생각하며 '너는 훨훨 날아 네 삶을 살아가거라' 하고 자유롭게 해 주면 얼마나 좋을까? 며느리는 자녀들을 떠나 홀로 남은 시어머니의 아픔을 헤아려 내 어머니를 생각하듯 찾아뵙고 위로한다면 얼마나 좋을까? 이렇게 서로의 아픔을 헤아리고 배려하는 것, 이것이 사랑이다. 이러한 사랑의 마음을 오르바와 룻은 모두 동일하게 갖고 있었다. 룻의 붙좇는 신앙의 배경에는 이와 같은 사랑의 연합이 있었다.

우리와 주님의 관계는 바로 이러한 사랑으로 시작된다. 우리가 우리의 죄로 인해서 당하는 고난에 너무 아파하니, 주님은 자기 자신을 십자가에 내어주셨다. 우리는 그 사랑에 감복해서 주님을 따른다. 비록 주님을 따르는 그 길이 힘들지만, 주님을 사랑하기에 용감하게 주께로 나아가는 것이다. 그 사명이 힘들지만 거기에 담긴 우리 주님의 마음을 알기에 내 삶을 내려놓는 마음, 이것이 주님을 붙좇는 사랑의 마음이다.

우리가 주님을 믿고 사랑하기에 우리는 기쁘게 고백할 수 있다.
"예수 나를 오라 하네 예수 나를 오라 하네 어디든지 주를 따라 주와 같이 같이 가려네"(찬송가 324장) 우리 안에 이 고백이 있는가? 이 사랑의 연합이 바로 접붙임의 시작이다.

붙좇는 길은 희생의 길이다

며느리들이 시어머니를 따르기를 고집하자 나오미는 이상한 이야기를 한다.
"나오미가 이르되 내 딸들아 돌아가라 너희가 어찌 나와 함께 가려느냐 내 태중에 너희의 남편 될 아들들이 아직 있느냐 내 딸들아 되돌아 가라 나는 늙었으니 남편을 두지 못할지라 가령 내가 소망이 있다고 말한다든지 오늘 밤에 남편을 두어 아들들을 낳는다 하더라도 너희가 어찌 그들이 자라기를 기다리겠으며 어찌 남편 없이 지내겠다고 결심하겠느냐 내 딸들아 그렇지 아니하니라 여호와의 손이 나를 치셨으므로 나는 너희로 말미암아 더욱 마음이 아프도다 하매"(11~13절).
이 이야기의 배경은 유대의 형사취수(兄死娶嫂, 수혼제도, 계대결혼, Levirate) 제도에 있다. 형제가 결혼을 했는데 자녀가 없이 죽으면 다른 형제가 그 과부 된 형수, 또는 제수를 취하여 아들을 낳아 주고 그 아들을 통해서 형의 가문을 이어가는 제도이다.

나오미의 주장은 두 아들이 다 죽었고 자신은 태중에 아들도 없이 늙었으니 남편을 두지 못할 것이며, 설사 남편을 두어 아들을 낳는다고 해도 그들이 자랄 때까지 어찌 기다릴 수 있겠냐는 것이다. 즉 자신을 따라오면 남편도 자녀도 얻을 수 없게 된다는 의미이다. 다시 말해 이제 과부로 살게 된다는 뜻이다. 이는 나오미를 따라가게 될 때 치러야 하는 희생의 대가였다. 나오미는 이렇게 며느리들이 남편 없이 살아가는 모습을 본다는 것은 너무 가슴 아프니 돌아가라고 한 것이다.

오르바는 나오미의 말에 어떻게 반응하였는가? "그들이 소리를 높여 다시 울더니 오르바는 그의 시어머니에게 입 맞추되"(14절). 오르바는 시어머니의 말이 맞다고 인정하고 작별의 입맞춤을 나눈 후 물러섰다. 시어머니를 여전히 사랑하고 동정하지만, 시어머니의 아픔에 자기 삶을 던질 때 치러야 할 대가와 희생을 감당할 자신은 없었기 때문이다. 반면에 룻은 어떠했는가?

"룻은 그를 붙좇았더라"(14절 하). 여기서 붙좇는다는 말은 희생과 고난을 감수하고 따라가겠다는 결단을 의미한다.

무디(D. L. Moody, 1837-1899)는 두 여인의 성격에 대해 이렇게 설명한다. "오르바는 고백(profession)만 한 반면 룻은 소유(possession)하였다." 무엇을 소유하려면 대가를 지불해야 한다. 그런데 오르바는 대가를 지불해야 하는 결단에서 돌이키고 말았다. 그녀는 그저 고백만 하였다. 이렇게 고백만 하면 대가가 요구되는 날 결국 돌아서게 된다.

베드로는 죽을지언정 주를 부인하지 않겠다고 큰소리쳤다(마

26:35). 하지만 그는 계집종 앞에서 예수님을 세 번이나 부인하고 말았다. 예수님이 십자가를 지고 가실 때는 멀찍이 따라갔다. 붙좇는 것은 이와 다르다. 마음만, 눈물만, 고백만 있는 것은 붙좇는 것이 아니다. 붙좇으려면 희생을 각오해야 한다.

주님이 당신을 따르겠다는 사람들에게 하신 말씀이 무엇인가? "인자는 머리 둘 곳이 없도다"(눅 9:58)였다. 이 말의 의미는 무엇인가? 주님을 따르기 위해서는 정처 없는 삶을 감당해야 하는데 그래도 따를 수 있겠느냐는 것이다. "주님을 따르기 위해서는 가족의 정을 끊어야 할 때가 있다. 그래도 따르겠느냐? 두려움과 스트레스, 비난과 오해도 견뎌야 한다. 그래도 따르겠느냐?"라고 말이다.

주님을 붙좇는 신앙, 접붙인 바 된 신앙은 바로 희생과 고난에도 불구하고 자기를 부인하고 자기 십자가를 지고 주님을 따르는 것이다. 이것이 '붙좇는다'의 의미이다.

붙좇는 길은
결단의 길이다

나오미는 룻에게 오르바를 따라서 너도 돌아가라고 권했다. 이때 룻은 이렇게 고백했다.

"어머니께서 죽으시는 곳에서 나도 죽어 거기 묻힐 것이라 만일 내가 죽는 일 외에 어머니를 떠나면 여호와께서 내게 벌을 내리시고 더 내리시기를 원하나이다 하는지라"(17절).

나오미는 룻의 굳은 결심을 보고 결국 말하기를 그쳤다. 이처럼 주님을 붙좇는 것은 그렇게 하기로 마음을 정한 것이라 할 수 있다. 신앙의 접붙임이란 "그냥 믿습니다"가 아니다. 룻이 나오미를 따르는 길은 고향과 친척과 아버지 집을 떠나는 일이다(창 12:1). 많은 고난이 예상되는 길이다. 그러므로 결심이 필요하다. 하지만 오르바는 결심이 없었다. 그렇기에 어려움이 오니 물러난 것이다.

조지 버나드 쇼(George Bernard Shaw, 1856. 7. 26~1950. 11. 2)의 묘비명에는 "내 우물쭈물하다가 그럴 줄 알았지"(I knew if I stayed around long enough, something like this would happen)라는 그의 말이 새겨져 있다. 이처럼 결심이 없으면 결국 후회하는 인생이 된다. 우리가 새로운 삶을 원한다면 먼저 마음을 정하고 결심해야 한다. 성경의 역사는 바로 굳게 결심한 사람들의 이야기이다.

에스더는 '죽으면 죽으리라'라는 결단으로 오랫동안 부름받지 못한 왕 앞에 나아갔다(에 4:16). 다니엘은 왕이 조서에 왕 외에 누구에게라도 기도하면 사자 굴에 던져 넣기로 한 것을 알았음에도 결단하여 하루에 세 번 기도하였다(단 6:10). 사도 바울은 환란과 결박이 기다리니 예루살렘으로 올라가지 말라는 권고에도 "나는 주 예수의 이름을 위하여 결박당할 뿐 아니라 예루살렘에서 죽을 것도 각오하였다"라고 말했다(행 21:11-13). 우리 주님은 힘쓰고 애써 간절히 기도하신 후 결단하여 십자가의 길을 따르셨다(눅 22:44). 견딜 수 없는 고난의 길이었지만 우리를 위해 굳게 결심하시고 그 길을 가셨다.

우리는 스스로 결심함으로 하나님께 충성해야 한다. 위대한 하나님의 사람은 결심하는 사람이다.

누구를 붙좇아야 할까?

"룻이 이르되 내게 어머니를 떠나며 어머니를 따르지 말고 돌아가라 강권하지 마옵소서 어머니께서 가시는 곳에 나도 가고 어머니께서 머무시는 곳에서 나도 머물겠나이다 어머니의 백성이 나의 백성이 되고 어머니의 하나님이 나의 하나님이 되시리니 어머니께서 죽으시는 곳에서 나도 죽어 거기 묻힐 것이라 만일 내가 죽는 일 외에 어머니를 떠나면 여호와께서 내게 벌을 내리시고 더 내리시기를 원하나이다 하는지라"(16~17절).

여기 어머니 대신 예수님을 넣어 보라. 우리는 예수님을 붙좇는 것이다. 이 초점이 중요하다. 우리는 주님을 좇는 것이지 어떤 이상이나 목표, 사상이나 운동을 좇는 것이 아니다. 여기에 비밀이 있다. 가지가 나무에 붙어 있으면 저절로 열매를 맺는다. 우리가 주님을 붙좇으면 우리 주님이 힘을 주시고 감당할 능력을 주신다. 힘들고 어렵지만 주님만 따라가자. 주님만 사랑하며 걸어가자. 주님이 가장 좋은 길로 인도하실 것이다.

■생각 나누기

- 하나님의 심판 가운데 남겨진 나오미가 얻게 된 은혜는 무엇을 위함이라고 생각하는가?
- 홀로 남음이 은혜가 될 수 있는 이유는 무엇인가? 홀로 남게 될 때 우리가 해야 할 일은 무엇일까?
- 신앙이 접붙여지려면 무엇이 필요한가? 당신의 삶에서 발견한 그루터기는 누구인가?
- 오르바와 룻이 각기 다른 길을 가게 된 이유는 무엇인가?
- 주님을 붙좇는 신앙을 가지기 위해서 우리가 주님께 드려야 할 고백은 무엇인가?
- 예수님을 붙좇을 때 우리에게 나타날 변화와 소망은 무엇인가?

Ruth

3장

때려서라도 돌아오게 하신다

룻 1:19~22

남편과 두 아들을 모두 잃은 나오미는 드디어 하나님이 돌아보시는
베들레헴으로 돌아가게 되었다.
며느리 오르바는 나오미의 간곡한 설득에 돌이켰지만,
시어머니를 간절히 생각하고 붙좇은 룻은 나오미를 외면할 수 없었다.
치욕을 각오하고 돌아온 고향 베들레헴에는 나오미를 아는 사람들이 있어,
그녀를 입에 올리며 떠들고자 하였다.
자신의 죄를 인정하고, 텅 빈 채로 돌아오게 하신
하나님의 징벌을 달게 받으며, 자기 자신을 겸허히 마라로 고백한 나오미에게
하나님은 과연 어떤 인애와 헤세드를 베푸실까?
하나님이 이 가족을 통해 보여주고자 하신 역사는 무엇일까?

주님은 사랑으로 징계하신다

나오미의 고백은 원망인가, 간증인가? 이에 대한 평가가 다르게 해석된다.

"전능자가 나를 심히 괴롭게 하셨음이니라 내가 풍족하게 나갔더니 여호와께서 내게 비어 돌아오게 하셨느니라 여호와께서 나를 징벌하셨고 전능자가 나를 괴롭게 하셨거늘"(20~21절).

나오미는 하나님이 자신을 괴롭히고, 비게 하시고, 징벌하시고, 괴롭게 하셨다고 한다. 이러한 나오미의 고백을 영적으로 침체한 한 여인의 원망과 한탄이라고 보는 이들이 있다. 하나님이 나오미를 징계하신 것도, 치신 것도 아니라는 뜻이다. 엘리멜렉이 죽고 말론과 기룐까지 죽은 것은 그들이 스스로 잘못된 길을 가서 거기서 병들거나 어떤 사고 등으로 인한 것이지, 하나님이 그들을 죽이신 것이 아니란 말이다. 이러한 주장에 따르면, 나오미가 이렇게 하나님을 원망하고 하나님께 모든 원인을 돌리며 한탄하는 것은 영적으로 침체해서 하나님을 제대로 알지 못하여 하는 이야기일 뿐이다. 하지만 하나님은 그런 분이 아니다. 우리가 잘못해서 일을 저질러 놓고 사랑의 하나님을 나쁜 분으로 만들어서는 안 된다.

만약 이런 시각이 맞다면 우리는 이 본문에 나오는 나오미의 말, 특별히 1장에 나오는 나오미의 발언을 전부 신앙의 침체에서 나온 것으로 이해해야 한다. 그의 입에서 나오는 말을 그대로 받아들였다가는 그야말로 패배 의식에 빠진 사람에게서 부정적인 신앙을 배울 뿐이기 때문이다.

20여 년 전쯤에 룻기를 연구하고 설교한 노트를 보니, 나 역시 그렇게 생각했었다. 그래서 나오미가 며느리들에게 돌아가라고 말한 것을 시어머니가 며느리들을 사랑하고 배려하는 마음으로 이해하기보다는, 신앙보다 결혼을 중요시하고 하나님보다 남편을 우선시한 생각이라고 폄하하였다. 그가 실패했다는 이유로 그의 말을 무시한 것이다. 그래서 고부간의 아름다운 배려, 서로의 아픔에 자신의 삶을 던져 넣는 이 이야기를 발견할 수 없었다.

나태주 시인의 '풀꽃'이란 시를 아는가? "자세히 보아야 예쁘다. 오래 보아야 사랑스럽다. 너도 그렇다."

모압으로 떠났다가 망한 여인이라고 무시하지 말고 자세히 보아야 한다. 성경이 그녀의 말을 이렇게 길게 적어 놓은 이유를 깊이 생각해 보아야 한다. 그때 우리는 실패하고 상처 입은 여인 안에서 뜻밖의 아름다운 향기가 흘러나오는 것을 발견하게 된다. 성공과 평안이 아니라 고통과 아픔 속에서 우리는 하나님에 대한 더 깊은 지식을 소유할 수 있게 된다.

심판과 징계, 비슷하지만 다르다

먼저 우리가 여기서 생각해야 하는 것은 징계와 심판의 차이점이다. 이 둘은 겉모습이 비슷하나 실제로는 전혀 다르다. 많은 사람이 나오미의 말을 원망이라고 이해하는 이유는 하나님의 징계를 이해하지 못하기 때문이다.

대상과 동기가 다르다 | 징계는 사랑하는 자녀 또는 백성에게 하는 것이고, 심판은 죄인이나 원수에게 하는 것이다. 징계의 동기는 사랑이고, 심판의 동기는 진노이다. "주께서 그 사랑하시는 자를 징계하시고 그가 받아들이시는 아들마다 채찍질하심이라 하였으니"(히 12:6), "징계는 다 받는 것이거늘 너희에게 없으면 사생자요 친아들이 아니니라"(히 12:8).

성경은 징계가 없으면 친아들이 아니라고 말한다. 옆집 아이를 생각해 보라. 그 아이가 잘못하든, 그러다가 어려움을 당하든 우리는 훈계하지 않는다. 그러나 친아들은 내버려 두지 않는다. 나오미는 하나님의 친백성이기에 그녀가 모압으로 갔을 때 하나님은 그냥 둘 수 없으셨다. 그녀를 사랑하시기에 징계하시고 채찍질하셨다.

만약 오늘 본문에 나오는 나오미 기정외 사건이, 하나님은 그냥 내버려 두셨는데 제멋대로 하다가 이렇게 된 것을 하나님을 원망하고 탓하는 것이라고 한다면, 그것은 친백성의 이야기가 아니다. 그렇다면 그의 친백성이요 친아들인 우리가 이 성경을 묵상할 이유가 없다. 나오미의 이 이야기는 바로 친백성을 징계하시고 돌이키게 하시는 우리 하나님의 이야기이다. "매를 아끼는 자는 그의 자식을 미워함이라 자식을 사랑하는 자는 근실히 징계하느니라"(잠 13:24).

좋은 부모는 자녀가 잘못했을 때 징계하는 일을 성실하게 한다.

때리지 않고 내버려 두는 것이 오히려 사랑하지 않고 미워하는 것이다. 아이가 잘못했을 때, 그 예쁜 아이를 때릴 데가 어디 있을까? 사랑하는 아이를 징계하는 것처럼 힘든 일이 없다. 그것은 부모에게 너무 괴로운 일이다.

나오미는 전능자가 자신을 괴롭게 하였다고 한다. 그런데 사실 나오미 가정 때문에 정작 괴로운 분은 하나님이시다. "네 죄짐으로 나를 수고롭게 하며 네 죄악으로 나를 괴롭게 하였느니라"(사 43:24하).

이웃집 아이가 죄를 지으면 나는 괴로울 것이 없다. 그런데 내 자식이 죄를 지으면, 그냥 넘어갈 수 없어 괴롭고, 사랑하는 아이를 징계해야 하니 더 괴롭다. 이처럼 하나님은 괴로우시지만 그 사랑 때문에 그냥 두지 못하시는 것이다.

아이들이 어렸을 때 아내는 아이들을 근실히 징계하였다. 특별히 아들이 학교 다니는 동안 초등학교, 중학교, 고등학교 학년마다 선생님에게 전화가 걸려 왔다. 그러면 아내는 하루 종일 눈물을 흘리며 아이를 기다렸다. 그리고 아이를 방으로 데리고 들어가 어렸을 때는 손바닥 다섯 대, 커서는 훈계로 얼마나 장시간을 씨름했는지 모른다. 세 아이가 자라면서 그중 아들이 가장 많이 맞았다. 하지만 그 아들은 엄마를 가장 많이 사랑한다. 자신을 근실히 징계해 준 채찍과 훈계에서 자신을 포기하지 않는 엄마의 깊은 사랑을 느꼈기 때문이다.

본문에서 나오미의 고백은 원망이 아니다. 하나님께서 매를 때려서라도 자신을 돌이키셨다는 말이다. 이는 돌아온 자의 고백이다.

심판은 손이 하나, 징계는 손이 둘이다 | 심판과 징계의 또 다른 차이는 심판은 손이 하나이고 징계는 손이 둘이라는 것이다. 형벌은 죄악을 징벌하는 손, 심판하는 손만 있다. 그런데 징계는 때리지만 돌이키게 하는 손이 있다.

하나님이 요나를 추적할 때 폭풍을 사용하셨다. 이것은 도망자를 추적하는 형벌의 손이다. 그를 추적하신 하나님은 그를 바다에 던져버리신다. 여기서 끝났다면 이것은 심판이다. 그런데 그 바다 밑에 물고기가 예비되어 있었다. 그 물고기가 요나를 삼켜 생명을 보호하고 그를 돌아오게 한다. 다른 손이 있다. 이처럼 징계는 손이 둘이다. 말씀을 보라. 하나님은 때리기만 하시지 않고 돌이키게 하신다.

심판자는 이름이 하나다. 바로 '전능자'다. 전능자는 모든 것을 주관하시는 권능 있는 분을 의미하는 동시에 심판하시는 분임을 의미한다. 지금 나오미는 심판자로서 하나님을 엘 샤다이, 전능자라고 고백한다. 그러면서 동시에 그분을 여호와라고 부른다. 여호와는 언약의 하나님이다. 그래서 자기 백성을 돌이키게 하시는 하나님이시다.

부모는 아이가 잘못하면 때리지만, 뉘우치면 안아준다. 엄마의 사랑으로 아이의 상처를 치유한다. 징계는 손이 둘이다. 매를 맞고 돌아오는 나오미를 보라!

때리셨으나 긍휼히 여기시는 사랑 | 나오미처럼 불쌍한 사람이 어디에 있을까 싶다. 타국에 와서 남편과 두 아들을 잃었다. 타향에서

장례를 세 번이나 치른 것이다. 행복했던 가정이 일순간에 텅 비어 버렸다. 그렇게 홀로 남은 나오미가 고국으로 돌아갈 때 얼마나 처량했겠는가?

그러한 나오미를 룻이 붙좇는다. 그 동기가 무엇일까? 바로 시어머니에 대한 긍휼이다. 남편과 두 아들을 잃고 혼자 돌아가는 시어머니의 외로움, 처량함을 그냥 둘 수 없는 그 긍휼로 붙좇는 것이다. 나중에 보아스는 기업 무르는 일을 요청할 때 이렇게 말하였다. "네가 베푼 인애가 처음보다 나중이 더하도다"(룻 3:10하).

룻이 처음 베푼 인애가 무엇인가? 바로 불쌍한 어머니를 따라온 인애(헤세드)다. 그렇다면 룻으로 하여금 어머니를 붙좇게 한 긍휼과 인애, 이 헤세드는 어디서 온 것일까? 이것은 하나님이 룻에게 부어주신 마음일 것이다. 나오미를 불쌍히 여기시는 하나님의 마음이 룻의 붙좇음을 통해 나타난 것이다. 하나님은 그녀의 영혼을 구하려 매를 드셨지만 동시에 그녀를 불쌍히 여기셨다. 하나님이 나를 치셨으니 나를 따라와 봐야 아무 소망이 없다며 쓸쓸히 돌아서는 나오미가 너무도 불쌍했던 것이다. 그래서 하나님은 룻이 그녀를 따르게 하셨다. 그녀의 삶에 자신을 던지는 룻의 모습, 이것은 바로 우리 하나님의 마음이다.

우리는 룻을 통해 우리의 위로자 되신 예수님의 그림자를 본다. 뒤에 보면 나오미는 룻을 통해 주신 아들을 품에 안고 진정한 위로를 받는다. 그리고 그 아들을 통해 결국 메시아 예수님이 오신다. 여기서 우리는 하나님의 아들이 아픔 가운데 있던 나오미의 품에 안겨 위로가 되시는 것을 발견한다.

이 세상에서 우리의 아프고 텅 빈 마음에 위로가 되어줄 분은 누구인가? 바로 예수님이시다. 비록 우리가 죄로 찢기고 텅 비게 되었지만 하나님은 그런 우리를 위로하시려고 당신의 아들을 보내주셨다. 우리는 우리를 붙좇는 하나님의 긍휼을 예수님에게서 발견할 수 있다.

위로의 공동체 | 룻은 위로자 예수님의 모형을 보여주는 동시에 예수님 족보의 유전자를 보여준다. 그 가문에 흐르는 피는 오늘 예수님을 믿음으로 이 족보에 편입된 우리가 어떤 존재가 되어야 하는가를 알려준다. 교회는 텅 비고 매 맞은 인생이 와서 정죄받고 수군거림을 당하는 곳이 아니다. 오히려 교회는 나오미를 위해 자신의 삶을 던진, 메시아의 조상 룻의 모습과 같아야 한다. 반면에 하나님은 죄를 범한 우리를 치시기도 하지만, 룻과 같은 사람을 보내 싸매 주기도 하신다. 어떤 어려움 속에서도 주님께로 돌이키면, 하나님은 룻과 같은 사람을 만나는 위로의 복을 주신다. 이것을 경험하는 헤세드의 공동체가 바로 교회요, 다락방이다.

심판에는 멸망이,
징계에는 축복이 숨겨져 있다

징계와 심판의 중요한 차별점 중의 하나는 '기대하는가, 포기하는가'에 있다. 심판에는 더 이상의 기대가 없다. 그래서 종종 악인을 향한 하나님의 심판은 그들이 무슨 짓을 해도 그냥 내버려 두심으로 나타난다. 그들은 그렇게 살아가다가 진노의 심판의 날에 영원한 불못에 던져진다. 그러나 하나님은 사랑하는 자녀를 포기하지 않으신다. 부모가 자녀를 포기할 수 없기에 근실히 징계하듯이 하나님은 당신의 자녀를 징계하신다. 우리는 그 징계의 고난 앞에서 하나님이 우리를 버리셨다고 생각하지만, 오히려 그 고난은 우리를 포기할 수 없는 하나님의 아픈 사랑이다. 그렇기에 회개하고 하나님께 돌아가면 결국 하나님의 놀라운 계획과 축복이 나타난다. 해피엔딩으로 끝난 나오미의 삶이 바로 그 증거이다.

나오미의 가정을 향한 징계의 결말 | 룻기의 결말은 해피엔딩이다. 슬퍼하던 나오미는 룻기 마지막에 가서 웃는다. 룻을 통해 낳은 아들 오벳을 품에 안고 기뻐한다. 우리는 이것을 보면서 이런 생각을 한다. 과연 이런 절망과 고난의 여인에게 웃음이 찾아올 수 있을까? 남편과 두 아들을 잃었는데 룻이 낳아준 손자가 위로와 보상이 될 수 있을까? 그녀가 기뻐하는 이유는 무엇일까? 아직 끝을 내다보기엔 성급하지만 잠깐 그 이유를 살펴보면서 나오미의 징계 속에 담긴 하나님의 축복을 생각해 보자.

첫째, 죽은 남편과 아들의 대를 잇게 하신다. 나오미가 결국 웃은 이유는 그를 통해서 죽은 남편과 아들의 대를 이어가게 되었기 때문이다. 만약 하나님이 엘리멜렉과 두 아들을 죽이지 않고 그냥 두셨다면, 그들은 거기서 평안히 살다가 죽고 결국 하나님의 백성에게서 끊겼을 것이다. 하지만 이 징계를 통해 하나님은 기가 막히게 그 남편과 아들의 이름으로 하나님의 백성의 가문을 이어주신다. 너무 아프지만 돌아보면 그 일이 최선이었다. 나를 때린 주님의 손길은 심판이 아니라 사랑으로 인한 징계의 손길이었다. 그냥 우연히 일어난 사건, 혹은 자업자득으로 여겨서는 안 된다. 고난은 하나님의 손안에 있다.

둘째, 다윗 왕의 조상이 되게 하신다. 한 걸음 더 나아가 룻기는 그렇게 낳은 아들 오벳을 다윗의 할아버지라고 말한다. "그의 이웃 여인들이 그에게 이름을 지어 주되 나오미에게 아들이 태어났다 하여 그의 이름을 오벳이라 하였는데 그는 다윗의 아버지인 이새의 아버지였더라"(룻 4:17).

왕이 없어 제 소견대로 행하는 그 땅에, 그래서 이런 비극과 아픔이 있는 그 땅에 하나님은 나오미의 가정을 통해서 왕을 주셨다. 그들의 고난을 통해 하나님은 훨씬 더 놀랍고 의미 있는 일을 계획하셨다. 징계의 결말이 이렇게 놀라운 계획을 품고 있다면, 어찌 그 고난과 징계가 하나님의 깊은 의도 속에서 이루어진 것이 아니라고 말할 수 있을까?

셋째, 메시아의 계보를 잇게 하신다. 신약 시대를 살아가는 우리는 성경을 통해, 나오미가 손자를 얻는 이 이야기가 다윗의 후손으로 오신 예수 그리스도로 이어짐을 발견한다. 마태복음에 나오는 예수님의 족보를 보면, 다윗의 조상으로 룻이 낳은 오벳이 나타난다. 이 얼마나 놀라운 계획인가! 성경은 나오미의 기쁨을 여기까지 확장한다. 즉 가문의 대를 잇는 것을 넘어서서 다윗 왕의 가문으로 쓰임 받고, 더 나아가 메시아의 계보를 잇는 데까지 확장된다.

여기서 우리는 엘리멜렉과 두 아들의 구속을 발견하게 된다. 룻의 아들의 탄생을 통해 오실 그리스도, 바로 그분 안에서 타국에 묻힌 그들이 구속받을 것이라는 희망이다. 결국 예수님 안에서 모든 고난이 보상받는다. 모든 슬픔은 그 이유를 찾게 되고, 모든 불행은 해피엔딩이 된다. 고난과 징계를 통해 우리 가문에 그리스도가 탄생하셨다면, 그리고 우리 삶에서 그분이 주가 되셨다면 그 한 가지로 우리는 모든 의문에 답을 얻게 된다. 지금은 이해하지 못해도 우리가 천국에 이르게 되는 그날에 주님이 영광을 받으시고, 하늘의 유업을 상속받는 그 자리에서 우리는 이 땅의 모든 슬픔과 눈물의 이유를 알게 될 것이다. 미국의 코르넬리우스 목사님(M. N. Cornelius)이 작사한 '나 지금 말고 훗날에'라는 찬양이 있다.

1. 나 지금 말고 훗날에 더 좋은 그 나라에서
   이 눈물의 뜻을 알고 또 그 말씀 이해하리
2. 이곳에서 못다 한 일 그곳에서 끝마치고
   저 하늘에 비밀 풀면 그땐 모두 이해하리
3. 수많은 내 계획 위에 왜 구름이 덮였는지
   왜 내 노래 그쳤는지 그날 되면 이해하리
4. 내 원하던 모든 것이 왜 이루지 못했는지
   왜 내 희망 깨졌는지 높은 데서 이해하리
5. 내 주님은 다 아시고 이 죄인을 인도하네
   눈물 없이 주 뵈리니 이젠 정녕 이해하리

   (후렴) 내 손 잡은 주 믿고서 험악한 길 다 갈 동안
   늘 힘 있게 찬송하면 훗날 그 뜻 이해하리

원망은 심판을 낳고,
고백은 구원을 낳는다

결국 우리는 징계를 당할 때 나오미와 같이 그 의미를 깨닫고 주님 앞에 나아가야 한다. 혹자는 여기 나오미의 고백이 원망이라고 말하지만, 이것이 원망이라면, 그것도 동네 사람들 앞에서 하는 공개적인 한탄이라면, 그 뒤에 이어지는 결말과 맞지 않다. 성경 어디를 봐도 원망하는데 복을 받는 경우는 없다. "나를 치신 분은 하나님이야. 그분이 나를 텅 비게 하셨어. 그렇게 매를 때리셔서 결국 나를 돌이키게 하셨어." 이것은 원망이 아니라 인정이다. 하나님의 선하신 뜻을 신뢰하며 더 이상 후회하지 않고 받아들이는 것이다.

희망의 서곡 | 나오미의 고백 뒤에 무엇이 나오는가? "그들이 보리 추수 시작할 때에 베들레헴에 이르렀더라"(22절 하).
보리 추수가 시작될 때 베들레헴에 도착한 이들의 이야기는 추수 들판에 나아가 이삭을 줍는 룻의 이야기로 이어진다. 이것은 보리 추수가 시작될 때 도착한 이들에게 이 땅이 문을 열어 주었다는 의미이다. 다시 말해, 돌아온 그들을 하나님이 돌보신 이 땅이 받아주었다는 것이다.

전환점으로서의 고백 | 그 전환점이 무엇인가? 바로 나오미의 고백이다. "이에 그 두 사람이 베들레헴까지 갔더라 베들레헴에 이를 때에 온 성읍이 그들로 말미암아 떠들며 이르기를 이이가 나오미

냐 하는지라"(19절).

이 구절은 호기심 반 수근거림 반으로 남 이야기하기를 좋아하는 여인들 앞에서 나오미가 고백한 말이다. 나오미는 자신을 "나오미라 부르지 말고 마라라 부르라"고 요청한다(20절). 히브리어로 '나오미'는 '환희, 사랑스러움'을, '마라'는 '쓴맛'이란 뜻을 가지고 있다. 이처럼 나오미는 호사가들 앞에서 자신이 틀렸음을 고백했다. 하나님의 징계를 받은 그녀의 삶이 결코 사랑스러움으로 불릴 수 없었기 때문이다. 그녀는 이제 쓸쓸한 삶이 되었다. 이와 같은 나오미의 말은 자신이 죄인임을 고백한 것이다. 하나님을 버리고 떠났다가 이렇게 하나님의 징계로 텅 비게 되었기 때문이다. 이처럼 자신의 죄를 인정하는 일이 중요하다.

보리 추수기와 유월절 | 나오미가 베들레헴에 입성한 때는 보리 추수가 시작되는 때였다. 이는 절묘하게 이스라엘 백성들이 가나안 땅에 입성할 때와 같다. "요단이 곡식 거두는 시기에는 항상 언덕에 넘치더라"(수 3:15).

이스라엘이 요단강을 가르고 입성한 그때도 곡식을 거두는 추수 때였다. 이때는 이스라엘의 절기상 유월절이다. 그래서 요단강을 건넌 이스라엘 백성은 여리고 성 앞에서 유월절을 지냈다.

유월절이 무엇인가? 이날은 이스라엘이 애굽을 탈출할 때 어린 양을 잡아서 그 피를 문설주에 바르고 죽음의 신을 넘어가게 한 사건을 기념하는 절기이다. 이때가 바로 이스라엘의 시작이다. 그 어린 양은 십자가에서 죽으신 예수님을 상징한다. 이스라엘은 그 어린 양의 피로 세워진 나라다. 이처럼 교회는 그리스도의 피로 세워진 곳이다.

은혜의 문을 여는 고백 | 그렇다면 이 나라에는 누가 들어가는가? 어떤 사람이 이 땅에 합당하게 받아들여질까? 나오미가 이것을 보여준다. 바로 자기 고백의 사람이다. 자신의 죄를 가리고 감추고 변명하는 것이 아니라 모두 고백하는 것이다.

예수님은 우리를 위한 유월절 어린 양이 되셨다. 그분의 나라에는 주님의 용서의 피가 흐른다. 그곳은 주님의 용서의 피가 흐르는 땅이다. 누가 그 땅에 들어갈까? 누가 그 땅에 받아들여져서 주님의 돌보심을 받을까? 바로 나오미처럼 고백하는 사람이다. 내가 잘못했음을 인정하는 사람이다. 여기서부터 회복이 일어난다.

나오미의 고백을 한탄으로 치부하면 안 된다. 이는 우리가 배워야 할 고백이다. 한 강사님이 중독에 대해 가르치면서 치유의 시작은 "내가 중독자입니다"라고 고백하는 것이라고 했다. "내가 중독자입니다. 내가 죄인입니다. 내가 잘못했습니다. 하나님 앞에서 내가 잘못된 길을 갔습니다. 내가 주님의 징계를 받았습니다." 이렇게 고백할 때 주님은 우리를 다시 세워 주실 것이다.

솔제니친은 제2차 세계대전 당시 최전선에서 소련군 포병 장교로 근무하였다. 그러던 중 친구에게 소련 지도자인 스탈린을 비판하는 편지를 보냈다가 체포되어 죽도록 얻어맞은 후 악명 높은 강제노동수용소에 수감되었다. 그곳에서 의미 없는 노동으로 삶을 보내며 친구들이 고통 속에서 죽어가는 것을 바라보아야 했고, 심지어 본인도 암에 걸렸다. 솔제니친은 얼마든지 하나님을 원망하고 세상을 저주하고 스탈린과 히틀러에게 분노할 수 있었다. 하지만 그는 수용소의 고된 환란 속에서 자기 자신에게 묻기 시작했다. 나에게 닥친 재앙에 내 책임은 없는가? 수용소에서 남는 게 시간이었기에 그는 자신의 삶 전체를 되짚어 보았다. 그러면서 과거 자신이 어떤 잘못된 선택을 했는지, 뻔히 알면서도 양심에 어긋난 행동을 얼마나 많이 했는지, 본심을 숨기고 거짓말을 한 적은 얼마나 많은지를 깨달았다. 그리고 그가 던져진 이 수용소라는 더러운 지옥에서 과거의 죄를 바로잡고 속죄하려면 어떻게 해야 하는가를 생각했다.

그렇게 솔제니친은 새로운 인간으로 다시 태어났다. 그리고 모든 역경을 딛고 일어나 1973년 소련의 강제노동수용소를 고발하는 『수용소 군도』를 썼다. 이 책은 공산주의라는 병적 시스템을 뿌리째 흔들어 놓았고 결국 공산주의가 붕괴하는 데 큰 역할을 하였다. 한 남자가 자신의 삶을 핑계하거나 다른 사람을 탓하지 않고 오히려 자신을 돌아보기로 결심했을 때 이런 엄청난 일이 일어난 것이다. 고백이, 회개가 새로운 출발이다.

■생각 나누기

- 심판과 징계의 차이점은 무엇인가?
- 심판은 손이 하나, 징계는 손이 둘이라고 말하는데 그 이유는 무엇인가?
- 룻이 나오미를 붙좇은 주된 동기는 무엇일까? 룻이 가진 긍휼과 인애와 헤세드는 어디에서 온 것이라고 생각하는가?
- 우리가 룻과 같이 헤세드를 전하는 주님의 위로 공동체가 될 때, 우리 교회와 가정에 어떤 변화가 일어나게 되리라고 생각하는가?
- 우리가 받는 징계에 축복이 숨어 있다는 사실이 어떤 위로를 주는가? 고난으로 얻은 유익이 있는가?
- 은혜의 문을 여는 고백은 무엇인가? 당신은 오늘 주님께 무엇을 고백하겠는가?

Ruth

4장

기적은
우연처럼 찾아온다

룻 2:1~7

룻기 1장은 나오미와 룻이
무사히 베들레헴으로 돌아왔다는 이야기로 끝을 맺는다.
이제부터 시작되는 2장에서 하나님은 당신이 예비하시고 섭리하신
룻과 보아스의 만남을 준비하신다.
하나님은 공간과 시간을 도구로 사용하시며
우연처럼 찾아오는 기적을 선물해 주셨다.
영적인 눈으로 바라볼 때 우연은 하나님의 손길과 섭리를 따른 선물이 된다.
그 우연은 인간의 예측을 뛰어넘는 놀라운 사건으로 전개된다.
하나님이 룻에게 예비하신 최고의 만남은 무엇일까?
하나님은 과연 하나님의 인애와 헤세드를 어떻게 실현하실까?

우연처럼 찾아오는 기적을 경험하라

　인생의 슬픔과 기쁨은 만남 가운데 있다. 룻의 첫 남편 말론과의 만남과 그의 죽음은 그녀에게 눈물과 고통을 안겨 주었다. 하지만 그녀는 하나님의 섭리 아래 하나님의 백성으로 편입되었다. 하나님은 그녀에게 은혜를 베푸셨다. 그것은 바로 만남이다. 룻의 인생 역전은 하나님이 예비하신 만남을 통해서 이루어진다.
　여기 하나님이 예비하신 한 사람이 소개된다. "나오미의 남편 엘리멜렉의 친족으로 유력한 자가 있으니 그의 이름은 보아스더라"(1절) 보아스는 엘리멜렉의 친족이다. 이스라엘에서 친족은 기업 무를 자격이 주어지기에 그는 대가 끊긴 나오미 가정의 대를 이어줄 가능성을 갖고 있었다. 보아스라는 이름은 '그 안에 힘이 있다'라는 뜻이다, 곧 유력자라는 의미이다. 이는 그가 사회적으로나 경제적으로 힘이 있다는 의미다. 그는 룻을 불쌍한 처지에서 구해줄 힘이 있었고, 무엇보다 기업 무를 자인 '고엘'로서 나오미 가정의 구속자가 될 수 있었다.
　그는 나오미와 룻 모두 상상도 하지 못했던 사람이다. 하나님은 예상치도 못한 사람을 예비하고 계셨다. 문제는 하나님이 예비하신 사람이 누구인지 전혀 알 수 없다는 데 있다. 나오미조차 친족을 통해 가문을 이을 자를 얻을 수 있다는 사실을 감히 상상할 수 없었기 때문이다. 따라서 룻과 나오미가 스스로 알아서 보아스를 찾아갈 확률은 제로다. 운명적인 만남이 곁에 있어도 이렇게 서로를 알 수 없다면 그 간격은 태평양 건너만큼 멀다고 할 수 있다.

그렇다면 이 만남은 어떻게 이어질까? 본문은 이를 '우연'이란 단어로 설명한다. "우연히 엘리멜렉의 친족 보아스에게 속한 밭에 이르렀더라"(3절 하).

룻이 이삭을 주우러 갔는데 그곳이 우연히도 보아스의 밭이었고, 그때 마침 보아스가 그 밭에 왔다는 뜻이다. "마침 보아스가 베들레헴에서부터 와서"(4절 상). 정말 기적이 우연처럼 찾아온 것이다.

헝가리 출신의 스턴버거(Sternberger)라는 사람이 뉴욕 근교에서 살고 있었다. 여느 때와 같이 지하철을 타고 출근하는데, 갑자기 병중에 있는 같은 헝가리 출신의 친구를 만나고 싶다는 생각이 들었다. 그래서 브루클린에 있는 그 친구의 집으로 가서 그를 만난 후 회사로 뒤늦게 출근하기 위해 맨해튼행 지하철을 탔다. 앉을 자리가 없을 정도로 빽빽하게 사람들이 타고 있었는데 다행히 빈자리가 생겼다. 옆자리에는 한 헝가리 사람이 앉아서 헝가리어 신문을 읽고 있었다. 그와 대화를 해보니, 그의 이름은 파스킨(Paskin)으로 제2차 세계대전 때 독일군으로 끌려갔다가 러시아의 포로가 되었고, 전쟁이 끝난 후 석방되어 집으로 왔다고 한다. 돌아와 보니 모든 식구가 악명 높은 아우슈비츠 수용소로 끌려갔고, 그는 헝가리를 떠나 파리를 거쳐 바로 3개월 전에 미국으로 이민을 왔다고 하였다. 파스킨 씨의 말을 듣던 스턴버거는 얼마 전에 만난 헝가리 여인이 생각났다. 그 여인은 아우슈비츠에 끌려갔다가 총탄 만드는 공장에서 일을 했다. 생각해 보니 그 여인의 고향도 파스킨 씨의 고향과 같았다. 파스킨 씨에게 물었다. "당신 부인의 이름이 무엇입니까?" "마리아입니다." 스턴버거가 수첩을 꺼내 이름을 보니 그 여인의 이름도 마리아였다. 급하게 둘이 공중전화에 가서 전화를 걸어 보니 그 여인이 바로 파스킨 씨의 아내였다. 전화를 끊고 파스킨 씨가 스턴버그에게 건넨 첫마디는 "이것은 하나님의 섭리입니다"였다. 하필 그날 회사에 가다가 왜 갑자기 친구의 집에 들르고 싶은 마음이 생겼을까? 빽빽한 지하철 안에서 어떻게 두 사람이 같이 앉게 되었을까? 하나님의 도우심으로 부부가 다시 만난 것이다.

우리는 인과관계를 다 볼 수 없기에 어떤 일이 갑자기 닥쳐서 묘하게 맞아떨어지는 것처럼 보인다. 그래서 우연이라고 말한다. 하지만 실상은 모든 일이 하나님이 인도하시고 섭리하신 결과이다. 눈에 보이지 않는 하나님의 섭리가 우리 눈에 우연처럼 보이는 것이다. 이러한 사실을 기억한다면, 우리는 요행이 아닌 이 우연 같은 하나님의 섭리가 어떻게 작동하는가를 배워야 한다.

우리는 어떻게 우연처럼 찾아오는 기적을 경험할 수 있을까?

하나님의 은혜를 기대하라

"모압 여인 룻이 나오미에게 이르되 원하건대 내가 밭으로 가서 내가 누구에게 은혜를 입으면 그를 따라서 이삭을 줍겠나이다 하니"(2절).

본문은 룻을 계속 모압 여인이라 부른다. 이는 그녀의 형편을 가리키는 표현으로, 그녀가 유대 사회 속에서 차별받는 비주류 인생임을 암시한다. 룻은 시어머니에게 "원하건대 내가 밭으로 가서 내가 누구에게 은혜를 입으면 그를 따라서 이삭을 줍겠나이다"라고 고백한다. 여기서 주목해야 할 말은 "내가 누구에게 은혜를 입으면"이다.

성경은 그녀가 모압 여인이라는 것을 반복해서 언급한다. 그녀는 차별받고 무시당하는 신분이었으며, 게다가 망한 집안의 며느리였다. 말씀에 불순종하여 떠나더니 쫄딱 망해서 돌아왔다고 사람들이 얼마나 수군거렸겠는가? 룻이 모를 리가 없다. 그런데도 그녀는 "내가 누구에게 은혜를 입으면"이라고 말한다. 여전히 은혜를 기대한다는 뜻이다. 다른 사람들 같으면 그냥 앉아서 신세 한탄이나 했을 것이다. 결단하고 막상 와보니 현실은 힘들고, 후회가 밀려왔을 것이다. "내가 괜한 결정을 했어. 오르바처럼 현명하게 처신해야 했는데 주제 파악도 못 하고 내가 감당하지 못할 결정을 했어."라고 말이다. 이렇게 후회하고 한숨 쉬기가 쉽다. 그럼에도 룻은 은혜를 기대하고 있다. 바로 여기서부터 우연 같은 기적이 시작되었다.

도대체 룻은 어떻게 이런 기대를 할 수 있었을까? 그것은 룻이 하나님의 말씀을 기대했기 때문이다. 룻은 이 유대 땅에 거하는 가난한 사람, 이방인을 위한 율법의 말씀을 의지하였다. "너희가 너희의 땅에서 곡식을 거둘 때에 너는 밭모퉁이까지 다 거두지 말고 네 떨어진 이삭도 줍지 말며 네 포도원의 열매를 다 따지 말며 네 포도원에 떨어진 열매도 줍지 말고 가난한 사람과 거류민을 위하여 버려두라 나는 너희의 하나님 여호와이니라"(레 19:9~10).

하나님은 백성들에게 가난한 사람들을 위해서 밭모퉁이를 남겨 두고 떨어진 이삭도 줍지 말라고 하셨다. 이것은 율법의 명령이다. 이렇게 하나님은 그 사회 속에서 가난한 사람들과 나그네 거류민들도 살아갈 수 있게 하셨다. 룻은 이 말씀을 아마도 나오미 가정을 통해서 배웠을 것이다. 그리고 그 말씀을 그대로 의지하였다. 그래서 이삭을 주우러 가겠다고 한 것이다. 그녀는 자신의 신분을 바라보지 않았다. 만약 그랬다면 자신이 너무 초라하게 여겨지고, 사람들의 수군거림이 싫어서 아무것도 하지 못했을 것이다. 룻은 하나님의 약속과 그 약속에 나타난 하나님의 은혜를 바라보았다.

자격 없는 자에게 은혜를 베풀어 주신다 | 본문 말씀을 묵상하다 보면 신약에서 예수님을 만난 수로보니게 여인이 떠오른다. 예수님이 시돈 지방에 가셨을 때 한 수로보니게 여인이 예수님께 귀신 들린 자시의 딸을 고쳐 달라고 한다. 이에 예수님은 자녀의 떡을 취하여 개에게 줄 수 없다고 하셨다. 개처럼 부정한 이방인은 자격이 없다는 뜻이다. 그때 여인이 뭐라고 하였는가? "여자가 대답하여 이르되 주여 옳소이다마는 상 아래 개들도 아이들이 먹던 부스러기를 먹나이다"(막 7:28).

여인은 자신이 개처럼 자격 없는 것이 맞다고 말하며 자신이 요구하는 것은 그저 부스러기 은혜라고 고백하였다. 룻의 입장에서 본다면, 밭모퉁이의 곡식과 추수하다 떨어진 이삭을 남겨 이방인에게 주라는 율법의 말씀을 의지하여 주님의 은혜를 바라본 것이다. 이때 예수님은 수로보니게 여인에게 무엇이라고 말씀하셨는가?

"예수께서 이르시되 이 말을 하였으니 돌아가라 귀신이 네 딸에게서 나갔느니라"(막 7:29).

예수님은 수로보니게 여인의 말 속에서 믿음을 보셨다. 그 믿음은 자격 없는 자에게 베푸시는 은혜를 바라보는 믿음이다. 예수님도 이러한 은혜를 베푸시기 위해 이 땅에 오셨다. 여인은 자신을 바라보지 않았고 죄인을 위해서 베푸시는 주님의 은혜를 바라보았다.

본문의 룻에게서 발견하는 것 또한 이러한 믿음이다. 룻은 사람들이 수군거리는 모압 여인이란 신분을 바라보지 않았다. 죄인에게 베푸시는 은혜를 바라보았고, 그 약속을 의지하여 나아갔다. 누군가 그 은혜를 분명히 베풀 것이라는 기대, 이것이 중요하다.

마음을 열라 | 하나님이 아무리 은혜를 주시려고 해도 우리 스스로가 마음을 닫으면 소용이 없다. 하나님은 예수님으로 하여금 우리의 부정, 저주, 초라함, 죄를 다 짊어지고 죽게 하셨다. 그리고 우리를 의롭다 하시고 복 받았다고 하시며, 우리를 향한 하나님의 생각이 저주가 아닌 평안이요 놀라운 미래라고 말씀하신다. 그런데도 스스로 "하나님이 나 같은 자에게 은혜를 주실 리가 없어. 나에게 그런 놀라운 복을 예비하셨을 리 없어"라고 말하면 안 된다. 주님 안에서 우리는 이미 복을 받은 자다. 우연같이 놀라운 계획이 우리에게 준비되어 있다. 우리의 자화상을 바꿔야 한다. 우리 자신의 어떠함이 아닌 하나님의 시각으로 우리를 보아야 한다. 거기서부터 하나님이 예비하신 기적 같은 일들이 우연처럼 찾아오게 될 것이다.

기도할 때 우연 같은 섭리가 펼쳐진다

룻이 이삭을 주우러 가겠다고 말하자 나오미는 이렇게 응답하였다. "나오미가 그에게 이르되 내 딸아 갈지어다 하매"(2절 하). 나오미가 가라고 했지만 모압 며느리 룻을 낯선 동네의 추수 들판으로 내보내는 그 마음이 어떠했을까? 룻이 얼마나 걱정되었을까? "누가 모압 사람이라고 천대하면 어쩌나? 길을 잘못 들어 못된 사람을 만나면 어쩌나? 망한 집안 며느리라고 놀림이라도 받으면 어쩌나?" 하는 마음이 있었을 것이다.

간절히 하나님께 도움을 요청하라 | 룻을 낯선 곳에 보낸 나오미는 무엇을 하고 있었을까? 늙은 시어머니로서 나오미가 직접 할 수 있는 일은 거의 없었을 것이다. 사람을 보내 며느리를 돌봐 달라고 요청할 수도 없고, 직접 따라가 지켜줄 수도 없다. 며느리가 어느 밭을 가야 할지 일일이 지정해 줄 수도 없고, 사람들에게 소개해 호의를 받도록 조정할 수도 없다. 그녀가 할 수 있는 일은 며느리를 위해 기도하는 것뿐이다.

나오미는 하나님을 바라보며 도움의 손길을 요청하였을 것이다. 주님께서 룻이 가야 할 길을 인도해 달라고, 그녀가 가는 길에 어려움이 없게 해달라고 기도했을 것이다. 또한 사람들의 눈에 호의를 주셔서 그녀가 하는 모든 행동을 너그럽게 이해하며 아량을 베풀게 해달라고 간구했을 것이다. 좋은 사람들을 만나 그 길이 환히

열리게 해달라고도 기도했을 것이다.

하나님은 이 불쌍한 과부의 기도를 분명히 들어주셨을 것이다. 그분 자신이 고아와 과부의 하나님이라고 말씀하셨기 때문이다(신 10:18; 시 68:5).

하나님은 과부의 간절한 기도를 들으시고 며느리가 가야 할 발걸음 하나하나를 이끄시고, 그녀가 대답해야 할 말 하나하나를 입술에 넣어 주셨을 것이다. 그리고 그녀의 모습은 누가 봐도 사랑스럽고 그녀의 행동은 사람들의 칭찬이 따르도록 하셨을 것이다. 하나님의 헤세드는 우리의 상상을 초월하여 세밀하게 역사하신다.

우연한 섭리의 배후는 기도이다 | 다시 보라. 룻의 발걸음이 어디로 향하는가! "우연히 엘리멜렉의 친족 보아스에게 속한 밭에 이르렀더라"(3절 하). 룻은 우연히 보아스의 밭에 이른다. 보아스는 엘레멜렉의 친족으로, 기업 무를 자격과 인격을 갖춘 자였다. 서두에서 우리는 과연 하나님이 예비하신, 그러나 전혀 예상치 못한 그 사람을 어떻게 만날 수 있는가 하는 질문을 던졌다. 그런데 보라. 지금 룻이 우연히 그 사람의 밭으로 갔다. 전혀 낯선 동네에서, 그것도 홀로 간 곳이 우연히도 보아스의 밭이었다. 그런데 이 우연은 여기서 끝나지 않는다. 마침 그때 베들레헴에서 보아스가 이 추수의 현장에 온다.

"마침 보아스가 베들레헴에서부터 와서"(4절 상). 이 구절은 이 두 사람이 이어지는 사건을 '우연'과 '마침'이라는 단어로 언급한다. 우연히 밭에 이르렀다는 것은 공간적인 사건이다. 그리고 마침 왔다는 것은 시간적인 사건이다. 결국 우연 같은 일이 이루어지려면 시간과 공간이 만나야 한다. 같은 공간, 같은 시간이어야만 만남이 이루어진다. 쉬운 일이 아니다. 그런데 이 두 사람에게 이 일이 이루어졌다.

아마도 여기저기 추수하는 밭들을 지나는데 왠지 룻의 마음이 보아스의 밭으로 향하였을 것이다. 그때 보아스 역시 갑자기 밭에 가봐야겠다는 마음이 생긴다. 하나님이 룻과 보아스를 동시에 인도하신 것이다. 한쪽만 인도하셨다면 만남은 이루어지지 않았을 것이다. 그러므로 하나님의 뜻을 분별할 때, 양편 모두에 하나님의 인도하심이 있는지를 살펴야 한다.

그렇다면 이 기가 막힌 우연의 스토리가 하나님이 뜻하신 것이니 그냥 때가 되어서 이루어진 것일까? 이 우연의 섭리 배후에는 분명히 나오미의 기도가 있었을 것이다. 물론 룻도 기도했을 것이다. 우리는 뜻이 하늘에서 이루어진 것처럼 땅에서도 이루어지게 해 달라고 기도하라는 말씀을 듣는다. 이는 하나님의 섭리가 이 땅에서 작동하도록 하는 것이 기도라는 것을 알려준다. 그러하기에 기도할 때 우연 같은 일이 일어난다. 기도의 공동체 속에는 그런 일이 자주 일어난다. 하지만 기도하지 않는 사람, 기도하지 않는 공동체엔 그런 일이 잘 일어나지 않는다. "너는 내게 부르짖으라 내게 네게 응답하겠고 네가 알지 못하는 크고 은밀한 일을 네게 보이리라"(렘 33:3).

윌리엄 템플(Wiliam Temple)은 "우리가 기도할 때 우연 같은 일은 더 빈번하게 일어난다"고 하였다. 자녀의 삶 속에 룻처럼 우연 같은 복된 만남이 펼쳐지길 원한다면 기도해야 한다. 우리 가정에 우연 같은 기적이 펼쳐지길 바란다면 기도해야 한다.

신학교에 다니던 시절, 가장 부러운 사람이 부모님이 새벽마다 기도하는 친구들이었다. 그들의 삶 속에 좋은 일이 많이 일어나는 것을 보았기 때문이다. 반면 나는 늘 아프고 힘들었다. 하지만 내 나이 마흔쯤, 기도의 동역자들이 생기면서 내 삶에 장애물이 사라지고 좋은 일들이 일어나기 시작하였다. 교회를 개척하고 중보기도단을 만들어 20년째 이어오고 있다. 쉼 없는 성도들의 기도 속에 우연 같은 일이 교회 안에 계속 생겨나는 것을 본다.

어느 날 '오늘'
우연 같은 기적이 일어난다

기적은 성실하게 일할 때 찾아온다 | 보아스는 밭에 와서 일꾼들을 감독하는 사환에게 웬 낯선 소녀가 있냐고 묻는다. 그러자 사환은 그녀가 나오미와 함께 모압에서 온 소녀라고 말한다. 아마도 이미 그 작은 성읍 베들레헴에는 나오미에 대한 소식이 다 퍼져, 보아스 역시 '아, 이 젊은 처자가 바로 그 여인이구나!' 하였을 것이다.

사환은 계속해서 어떻게 룻이 여기 있는지 설명한다. "그의 말이 나로 베는 자를 따라 단 사이에서 이삭을 줍게 하소서 하였고"(7절 상). 사환은 룻이 와서 이삭을 줍도록 요청했고, 그래서 자신이 허락했다고 보고하였다. 룻은 정말 하나님의 말씀에 의지하여 추수 밭에 갔고 이삭을 주울 수 있도록 요청한 것이다.

그런데 더 나아가 사환이 덧붙여서 하는 말을 주목해 보라. "아침부터 와서는 잠시 집에서 쉰 외에 지금까지 계속하는 중이니이다"(7절 하). 사환은 룻의 부지런함과 성실함을 보아스에게 전한다. 묻지 않은 칭찬까지 덤으로 한다. 왜 그랬을까? 성실하게 일하는 모습이 사환의 눈에 띄었기 때문이다. 여기서 우리는 룻과 보아스를 연결해 주는 또 하나를 보게 된다. 그것은 바로 룻의 근면과 성실이다. 둘이 우연히 만난 것은 하나님의 주도적 섭리이다. 하지만 이 우연한 만남을 특별한 사건으로 이어주는 것은 룻의 성실이다. 만약에 룻이 근심, 절망에 빠져 무기력한 자세로 일했다면 이런 칭찬을 받았을까? 자신의 신세를 한탄하며 울고 있었다면 어땠을까? 오전에만 일을 하고 집으로 가버렸다면, 또는 오후 늦게 나왔다면 어땠을까? 우연 같은 기적은 일어나지 않았을 것이다.

기적은 어느 날 '오늘' 찾아온다 | 우연 같은 기적은 내일 일어나지 않는다. 오늘 일어난다. 오늘 우리가 한단히며 걱정하고, 두려워하며 낙심하고 있다면, 그리고 게으름 속에 있다면 이런 기적은 일어나지 않을 것이다.

독일의 한 황제가 비서실장을 맡아 일하던 공작의 능력을 높이 사서 그를 총리로 삼았다. 그러자 그가 교만해지기 시작했다. 모두가 그를 싫어했다. 공작이 어느 날 사냥을 나갔다가 작은 교회를 발견했다. 교회에 들어가 기도를 하고 고개를 들었는데, 그 순간 십자가에 빛과 함께 3이란 숫자가 나타났다 사라졌다. 그는 자기에게 남겨진 날이 3일밖에 없다는 것으로 해석하고 3일 동안 천사처럼 살았다. 총리로서 황제와 국민을 위해 최선을 다했다. 그런데 3일이 지났으나 죽음이 오지 않았다. 그는 3일이 아니라 3개월이라고 생각했다. 그래서 3개월을 천사처럼 살았다. 그러자 주변에 변화가 일어났다. 천국처럼 변한 것이다. 3개월이 지났다. 아직 죽음이 찾아오지 않았다. 그러자 이번에는 3년이라고 생각하고 3년을 천사처럼 살았다. 3년이 지나는 동안 황제가 감동을 받았다. 신하들과 국민들도 감동을 받았다. 그러다가 황제가 병으로 죽게 되었는데 황제는 이 총리를 다음 황제로 세우라고 유언하였다. 이에 신하들과 국민들이 기뻐하며 그 유언을 받들었다. 3년이 되는 날, 그는 황제로 등극하게 되었다. 그가 바로 1314년 프랑크푸르트의 다섯 제후에 의해 신성로마제국 황제로 추대된 루드비히(Ludwig) 황제이다. 이 이야기가 사실인지는 모르겠다. 하지만 여기에 담긴 교훈은 진실이다. 기적이 우연처럼 다가오게 하는 것은 바로 오늘이다. 오늘을 최선을 다해서 살아갈 때, 어느 날 '오늘' 기적이 일어나게 된다.

하나님의 섭리가
우연을 필연으로 만든다

한 가지 더 살펴볼 것이 있다. 그것은 보아스와 룻이 우연히 만났어도, 룻이 열심히 일했어도, 사환이 룻을 높이 평가했어도, 보아스가 그녀를 높이 평가하지 않는다면 기적은 일어나지 않는다는 사실이다. 그런 면에서 모든 우연이 인연이라고 할 수는 없다.

모든 우연이 인연은 아니다 | 불가에서는 옷깃만 스쳐도 인연이라고 한다. 하지만 성경이 말하는 섭리는 다르다. 어떤 만남은 그냥 스쳐 지나가지만 또 어떤 만남은 운명적 만남이 된다. 우연 같은 만남이 운명이 되는 이유는, 그 순간 그 만남이 꼭 들어맞는 짝, 혹은 꼭 들어맞는 기어처럼 정교하게 맞물리는 필연 같은 무엇이 일어나기 때문이다.

우리나라에서 전혀 다른 곳에 사는 두 사람이 만날 확률은 결혼 연령 가능한 나이를 5년 정도만 잡아도 거의 5~600만분의 1이다. 그렇게 만난다고 해도 그냥 스쳐 지나가는 만남일 수 있다. 하지만 누군가를 만나 서로가 내 짝이요, 내 뼈 중의 뼈요 살 중의 살이라고 느끼는 순간이 있다. 많은 준비 과정을 거쳐 그렇게 되는 것이다. 즉 여러 시련과 사건들 속에서 갈고 닦여 배우자를 알아보는 안목이 생기고, 그때 두 사람의 만남이 운명이 되는 것이다.

하나님의 섭리가 필연을 만든다 | 룻과 보아스의 만남도 마찬가지다. 사실 룻이 보아스의 마당에서 이삭을 열심히 줍는 것은 보아스에게 물질적으로 전혀 득이 되지 않는다. 하지만 룻을 칭찬하고 귀하게 보는 이유는 룻의 동기 때문이다. 보아스는 룻이 늙은 시어머니를 따라온 것을 알았고, 그 시어머니를 봉양하려고 열심히 이삭을 줍고 있는 모습을 보았다. 성실을 넘어 시모를 향한 헤세드의 자세를 보고 그녀를 귀하게 여긴 것이다. 그러한 룻의 자질을 알아본 것이 보아스의 성숙이다. "마침 보아스가 베들레헴에서부터 와서 베는 자들에게 이르되 여호와께서 너희와 함께 하시기를 원하노라

하니 그들이 대답하되 여호와께서 당신에게 복 주시기를 원하나이다 하니라"(4절).

보아스는 일꾼들에게 여호와께서 함께하시길 축복한다. 마치 애굽의 종이었던 요셉에게 늘 하나님이 함께하신 것처럼 하나님이 함께하시길 바란다는 뜻이다. 이에 일꾼들 역시 하나님이 당신에게 복 주시길 원한다고 응답한다. 일꾼들이 보아스에 대해 좋은 마음을 가지고 있음을 알 수 있다. 주인과 일꾼 간의 상호 신뢰와 축복이 함께하는 일터의 모습이다. 이는 보아스의 성품을 보여주는 단면이다. 다시 말해 룻을 향한 관심이 그냥 우연히 이루어진 일이 아니라 보아스의 성품을 바탕으로 나타난 일임을 알 수 있다.

성숙한 만큼 보인다 | 보아스의 가치관은 어떻게 이루어졌을까? 이를 추적하기 위해서는 그의 모친인 라합을 살펴보아야 한다.
"살몬은 라합에게서 보아스를 낳고"(마 1:5). 그의 모친은 여리고 성에 살았던 기생 라합이다. 가나안 여인이었지만 여호와를 믿는 믿음으로 정탐꾼을 숨겨줌으로써 이스라엘에 접붙여진 사람이다. 그렇기에 보아스는 룻의 붙좇는 신앙의 가치를 알 수 있었다. 룻이 시어머니를 붙좇은 그 헤세드의 가치를 알았다. 그러하기에 하나님이 그녀를 얼마나 귀하게 여기시는가를 볼 수 있었다.
사람은 자기 수준만큼 만난다. 보아스는 흙 속에 묻힌 진주를 볼 줄 아는 사람이었다. 이러한 눈은 하루아침에 갖춰진 것이 아니다. 순간의 만남이 이처럼 운명이 될 수 있었던 이유는 하나님의 준비하시는 섭리 때문이다. 그래서 서로 만났을 때 그 가치를 알아보고 내 뼈 중의 뼈요, 살 중의 살이라고 말할 수 있었던 것이다. 이 룻과 보아스 안에서 메시아가 탄생한다. 그러므로 좋은 짝을 만나려면 성령 충만하고 믿음 안에서 성숙해 가야 한다.

우리의 만남을 섭리 속에서 바라보라 | 그런 면에서 부부는 그 만남이 여러 경우의 수 가운데 일어난 하나의 우연이 아니라 하나님의 섭리 가운데 이루어진 우연 같은 필연이란 사실을 알아야 한다. '아! 그때 그 사람을 선택했어야 했는데…' 아니다. 하나님의 예비하심, 만세 전에 택정하심 속에서, 즉 하나님의 준비하시는 섭리 속에서 만난 것이다. 수많은 사건과 사연이 우연과 마침의 섭리 속에서 만나 이루어진 것이다. 우리는 이것이 나의 선택이 아니라 완전하신 하나님의 인도하심이란 사실을 신뢰해야 한다. 내 선택이라면 틀릴 수 있다. 하지만 하나님의 선택이라면 내 배우자가 내게 최고의 짝임을 확신할 수 있게 된다. 그런데 "내가 잘못 선택한 것 아닌가? 내 눈에 뭔가 씌웠지"라고 하면서 자신이 손해를 보고 그 사람을 구제해 준 것이라고 생각한다면 아직도 은혜를 깨닫지 못한 것이다. 내 기준과 기대대로 배우자를 바꾸려고 하지 말고, 하나님이 보내주신 너무나도 귀한 보석으로서 배우자를 발견하려고 해야 한다. 상대를 바꾸는 것이 아니라 그 아름다움을 발견하는 것이 우리의 싸움이 되어야 한다. 만약 그 아름다움을 발견하지 못했다면 아직은 성숙했다고 할 수 없다. 상대를 바꾸려는 내 기대를 십자가에 못 박고, 하나님이 내게 붙여 주신 아름다운 모습 그대로 그 가치를 보게 해 달라고 기도해야 한다. 그리고 그 아름다움을 누려야

한다. 그것이 지혜다.

우리가 만나야 할 유력자는 예수님이시다 | 하지만 하나님이 우리에게 허락하신 최고의 만남은 바로 예수님이다. 보아스는 우리의 구속자이신 예수님을 상징한다. 그가 베들레헴 사람인 것처럼 우리 주님은 베들레헴에서 탄생하셨다. 그가 룻의 고엘 구속자가 되듯이, 우리 주 예수님은 룻처럼 비천한 우리의 구속자가 되신 분이다. 보아스가 그 안에 힘이 있어 룻을 구속할 수 있는 것처럼, 우리 주님은 힘이 있는 분이시다. 우리 주님이야말로 유력자시다. 그는 천지만물의 창조자이시며, 우리를 위해 모든 죗값을 치르실 만큼 부요한 분이시다. 사망과 어둠을 이길 권세자이시고 하늘과 땅의 권세를 가진 분이시다. 하나님이 나오미와 룻에게 이미 보아스를 예비하고 계셨듯이, 우리의 삶에 이미 오래전에 구속자이신 예수님을 예비하셨다. 보아스가 룻에게 먼저 관심을 표하듯이, 우리 주님이 먼저 우리를 선택하시고 사랑하셨다. 우리가 주 예수님을 만난 것은 우연이 아니다. 만세 전부터 하나님이 택정하신 일이요, 철저한 하나님의 섭리 가운데 이루어진 것이다.

우리에게 가장 존귀한 만남은 바로 예수님과의 만남이다. 주 예수님이 우리와 함께 계신다는 사실을 우리는 항상 깨달아야 한다. 때로 우리의 인생이 나오미 같고, 룻 같지만 우리에게는 보아스 같은 주 예수님이 함께하신다. 그분 안에서 우리의 삶은 아름답게 펼쳐질 것이다. 그분이 우리를 저주에서 해방하시고 축복해 주신다. 그분이 우리의 목자가 되셔서 사망의 음침한 골짜기를 지날 때 함께하시고 보호해 주신다. 그분이 결국 우리에게 하늘 유업을 허락하실 것이다. 이것이 하나님이 예비하신 최고의 만남이다. 그 만남을 소중히 여겨야 한다. 주님을 사랑하라. 그와 동행하며 그분의 말씀에 순종하라. 그러면 우리 인생은 가장 행복하고 복될 것이다.

■생각 나누기

- 우리 삶에 하나님의 예비하심과 섭리하심이 있음을 고백할 때, 우연으로 보이는 일들을 우리는 어떻게 해석해야 할까?
- 하나님은 왜 추수하는 자들에게 밭모퉁이까지 다 거두지 말고 떨어진 이삭도 줍지 말라고 하셨는가?
- 수로보니게 여인에게서 배울 수 있는 믿음은 무엇인가?
- 우연 같은 섭리와 만남을 소망한다면 우리가 해야 할 일은 무엇인가?
- 하나님의 기적을 오늘 이루기를 소망한다면, 변해야 할 우리의 삶의 자세는 무엇인가?
- 우연이 필연이 되기 위해서는 무엇이 필요한가?
- 우리가 만나야 할 유력자는 누구인가?

Ruth

5장

누군가의 설 땅이 되라

룻 2:8~13

보아스와의 만남은 룻에게 우연처럼 찾아온 기적이었다.
하나님은 룻을 위해 보아스를 예비하시고,
섭리하심 가운데 만남을 준비하셨다.
보아스는 룻에게 설 땅이 되어 주었으며,
지난 모든 아픔을 잊게 하는 따뜻함으로 공감해 주었다.
그의 위로와 보호, 책임과 관심은 참으로 감동적이다.
보아스는 어떤 가치 기준을 가지고 있었기에
이렇게 이방 여인을 편견 없이 대할 수 있었을까?
보아스를 통해 우리가 깨달을 수 있는 헤세드는 무엇일까?

누군가의 설 땅이 되어 주라

낯선 나라에 갔는데 아는 사람이나 환영해 주는 사람이 전혀 없다면 분명 설 땅이 없다고 느낄 것이다. 실직하여 일할 곳이 없을 때도 같은 심정일 것이다. "이 세상엔 내가 설 곳이 없구나!" 어쩌면 낯선 교회에 걸음을 내디딜 때 처음 느끼는 감정 역시 그러할 것이다. 이러한 곳에서 누군가의 환대를 받게 된다면 어떨까? 무척 반갑고 기쁠 것이다. 그런 면에서 룻에게 베푸는 보아스의 환대는 귀한 일이 아닐 수 없다.

"보아스가 룻에게 이르되 내 딸아 들으라 이삭을 주우러 다른 밭으로 가지 말며 여기서 떠나지 말고 나의 소녀들과 함께 있으라"(8절).

보아스는 룻에게 이삭을 주우러 다른 밭으로 가거나 떠나지 말라고 말하며, 내 소녀들을 따라 이삭을 수우라고 하였다 사실 오늘은 은혜를 입었지만 내일은 어디로 가야 할지 모르는 것이 룻의 입장이었다. 그녀는 단지 사환에게 하루의 은혜를 입었을 뿐이다. 하루의 양식을 염려하며 밭에 나간 룻에게 보아스는 약 한 달 정도의 추수기 동안 이삭을 주울 은혜를 베풀어 준 것이다. 이 하루가 한 달이 되고, 그 한 달이 운명으로 이어지게 되었다. 이것이 보아스를 통해 하나님이 예비해 놓으신 은혜다.

보아스는 나아가 룻이 괴롭힘과 목마름 없이 이삭을 줍도록 배려하였다. "그들이 베는 밭을 보고 그들을 따르라 내가 그 소년들에게 명령하여 너를 건드리지 말라 하였느니라 목이 마르거든 그 릇에 가서 소년들이 길어 온 것을 마실지니라 하는지라"(9절).

보아스는 룻에게 소녀들을 바짝 뒤따르며 이삭을 주우라고 하였다. 그렇게 한다면 분명 룻은 더 많이 줍게 될 것이다. 그리고 소년들에게는 그녀를 건드리지 말라고 하였다. 룻을 성적 호기심의 대상으로 여기지 말라는 의미이다. 사사 시대인 것을 감안하면 이런 어려움은 능히 예상할 수 있다. 그리고 보아스는 룻에게 소년들이 길어 온 물을 먹으라고 하였다. 사실 이 물은 밭의 일꾼들을 위한 몫이다. 이를 볼 때 보아스는 룻을 일꾼 중의 한 명처럼 여기고 보호하며 필요를 공급하고자 하였음을 알 수 있다.

이방 여인 룻에게 일터가 생겼다는 사실이 얼마나 귀한 일인가! 자신을 환대하는 공동체를 얻은 것이요, 베들레헴에 설 땅을 얻은 것이다. 그런 면에서 보아스는 누군가의 설 땅이 되어 준 사람이라고 할 수 있다. 보아스는 참으로 귀하고 복되고 아름다운 사람이다. 그가 있기에 룻의 사랑과 믿음이 피어날 수 있었다.

우리는 환대하는 교회가 되어야 한다. 낯선 성도가 찾아올 때 기쁘게 맞아 주고, 그가 이 공동체 안에 한 식구로 받아들여지도록 안내해야 한다. 그리고 다락방 안에서 환영하여 공동체에 소속될 수 있게 해야 한다. 이렇게 할 때 그는 참으로 큰 위로를 받을 것이다.

보아스의 관심은 우리에게 큰 귀감이 아닐 수 없다. 그는 어떻게 이런 삶을 살아갈 수 있었을까?

보아스와 같이
계산하라

하나님 말씀에 입각한 경제관을 가지라 | 보아스는 자신의 경제적 유익을 추구하는 일반적 계산법과는 다른 경제관을 가지고 있었다. 그의 경제관은 오직 하나님 말씀에 입각해 있었다. 사실 룻은 보아스의 유익을 위해서 고용된 일꾼이 아니다. 그녀는 자신의 생계를 위해 떨어진 이삭을 줍는 자였다. 따라서 줍도록 허락만 해 주어도 그녀에게는 과분한 은혜라 할 수 있다. 그런데 보아스는 그녀를 자신의 밭에서 일하는 일꾼으로 대우하였다.

여기서 우리는 보아스 안에 새겨져 있는 성경적 원리를 찾아보게 된다. 성경은 자신의 밭이라 하더라도 자신의 수확만을 위한 밭이 아니라고 말한다. "너희 땅의 곡물을 벨 때에 밭모퉁이까지 다 베지 말며 떨어진 것을 줍지 말고 그것을 가난한 자와 거류민을 위하여 남겨두라 나는 너희의 하나님 여호와이니라"(레 23:22)

성경은 자신의 밭이라 하더라도 연약한 자들을 위한 몫이 있음을 주지시키며, 모퉁이의 곡식과 추수하다가 떨어진 이삭을 가난한 사람들과 거류민들의 몫으로 남겨두라고 한다. 연약한 자들을 위한 배려와 섬김을 명한 것이다. 이 말씀을 따라 보아스는 룻이 마음껏 이삭을 주울 수 있도록 배려하였다.

우리가 열심히 일해서 얻은 소득이라 하더라도 그 모두를 우리의 소유로 여겨서는 안 된다. 우리의 소득에는 일정 부분 이웃들과 나누어야 할 몫이 있음을 깨달아야 한다. 우리가 하나님께 드리는 십일조 헌금이 바로 그러한 정신을 포함하고 있다. 구약의 이스라엘 백성들은 성전을 위해서, 레위인의 생활을 위해서, 가난한 사람들을 위해서 무려 십의 삼조를 나누도록 하였다. 우리가 경영하는 사업에도 이런 배려가 있어야 한다. 기업 이윤의 일정 부분을 선교, 교육, 구제 등에 나누어 드리는 것이 바로 성경적 경영의 원리이다.

나눌 때 복을 주신다 | 보아스는 소유를 나눌 때 하나님이 자신의 밭에 복을 주실 것이라고 생각하였다. "네가 밭에서 곡식을 벨 때에 그 한 뭇을 밭에 잊어버렸거든 다시 가서 가져오지 말고 나그네와 고아와 과부를 위하여 남겨두라 그리하면 네 하나님 여호와께서 네 손으로 하는 모든 일에 복을 내리시리라"(신 24:19).

하나님은 나그네와 고아와 과부를 배려할 때 그가 열심히 하는 모든 일에 복을 주신다. 이런 면에서 보아스가 룻이 자신의 밭에서 이삭을 줍도록 허락한 것은 하나님께 복 받는 일이라 할 수 있다. 보아스를 위해 곡식을 추수하는 일꾼만 보아스에게 유익을 주는 것이 아니다. 그의 밭에서 곡식을 얻어가는 가난한 사람도 유익을 준다. 그 사람 때문에 하나님이 복을 주시기 때문이다. 그러므로 보아스의 입장에서는 이방 여인인 룻도 보호받고 물을 먹을 권리가 있었다.

"너는 반드시 그에게 줄 것이요, 줄 때에는 아끼는 마음을 품지 말 것이니라 이로 말미암아 네 하나님 여호와께서 네가 하는 모든 일과 네 손이 닿는 모든 일에 네게 복을 주시리라"(신 15:10). 이것이 바로 보아스의 신앙 계산법이다.

성경은 이어서 명령한다. "땅에는 언제든지 가난한 자가 그치지 아니하겠으므로 내가 네게 명령하여 이르노니 너는 반드시 네 땅 안에 네 형제 중 곤란한 자와 궁핍한 자에게 네 손을 펼지니라"(신 15:11). 네 땅 안에 네 형제 중 가난한 자에게 손을 펼 때 하나님이 복을 주신다는 말씀이다.

이 말씀의 원리를 신약적으로 적용한다면 우리가 돌봐야 할 첫 순위는 교회 안 성도임을 알 수 있다. "그러므로 우리는 기회 있는 대로 모든 이에게 착한 일을 하되 더욱 믿음의 가정들에게 할지니라"(갈 6:10). 믿는 자를 우선적으로 돌보라는 의미이다. 오늘날 어려운 경제 상황에서 우리 성도들이 운영하는 식당이나 카페나 업장을 일부러 찾아가 이용해 준다면 상당한 힘을 얻게 될 것이다.

다음으로는 우리 교회 주변을 돌보아야 한다. 우리가 정기적으로 모이고 주중에 자주 찾는 교회 주변에도 어려운 분들이 많이 있다. 교회 주변에 맛집이 많이 없다고 해도, 교회를 찾아왔으면 멀리 가지 말고 가급적 교회 주변의 음식점들을 이용해 보라. 그들에게 얼마나 큰 위로가 되겠는가!

다음으로는 우리가 사는 지역이다. 주변에 어려운 사람들이 누가 있는지 살펴보고, 내가 사는 지역의 가게를 이용하는 것도 주님이 기뻐하실 일이다. 힘들면 옷도 물건도 사지 않는다. 하지만 이럴 때 우리가 찾아가서 소비하며 함께 살아가는 것, 이것 역시 이삭을 남겨두는 일이 아니겠는가?

물론 우리가 당연히 우선적으로 돌봐야 할 대상은 우리의 혈육이다. 친족을 돌보지 않으면 불신자보다 악하다고 했다. 그들 중에 실직했거나 어려움을 당한 사람이 있다면 당연히 그에게 도움의 손길을 내밀어야 한다. 그것이 하나님이 원하시는 뜻이다. 하나님은 우리를 긍휼히 여기셔서 그의 아들을 내어주셨다. 만약에 하나님이 "너희가 지옥에 가는 것이 너무 안쓰럽구나. 그래도 내가 너를 사랑하는 것은 꼭 기억해!"라고 말씀하신다면 그것이 사랑일까? 하나님은 그러지 않으셨다. 우리와 함께하심으로써 우리를 사랑하셨다.

요한은 다음과 같이 말했다. "그가 우리를 위하여 목숨을 버리셨으니 우리가 이로써 사랑을 알고 우리도 형제들을 위하여 목숨을 버리는 것이 마땅하니라 누가 이 세상의 재물을 가지고 형제의 궁핍함을 보고도 도와 줄 마음을 닫으면 하나님의 사랑이 어찌 그 속에 거하겠느냐"(요일 3:16~17). 우리는 손을 펴야 한다. 그렇게 할 때 하나님이 우리에게 복을 주실 것이다.

마틴 루터(Martin Luther)는 이렇게 말했다. "내 손에 가진 많은 것들은 모두 잃어버렸다. 그러나 하나님의 손에 맡긴 것들은 지금도 여전히 가지고 있다." 하나님의 손에 맡기는 것이 영원한 투자라는 의미이다.

보아스의
가치 기준을 가지라

하나님의 말씀을 따라서 이방 여인을 환대하는 보아스에게 룻은 너무나 고마워하며 이렇게 말한다. "룻이 엎드려 얼굴을 땅에 대고 절하며 그에게 이르되 나는 이방 여인이거늘 당신이 어찌하여 내게 은혜를 베푸시며 나를 돌보시나이까 하니"(10절). 룻은 얼굴을 땅에 대고 절하며 "어찌하여 내게 은혜를 베푸시며 나를 돌보시나이까"라고 묻는다. 이 말은 이유를 묻고자 함이 아니다. 자기와 같은 자를 돌보고 선대하는 은혜에 감탄하는 표현이다. 너무나 고맙다는 의미이다. 그러자 보아스는 엎드려 감사하는 룻을 격려하며 복을 빌어 준다. 누군가를 축복하는 말은 정말 마음에서부터 그 사람의 가치를 인정할 때 우러나온다. 여기서 룻을 바라보는 보아스의 가치 기준을 발견하게 된다.

소유가 아닌 행함에서 그 사람의 가치를 알 수 있다 | 어떤 사람의 가치는 그가 가진 것이 아닌 그의 행함으로 알 수 있다. 보아스가 룻을 축복하고, 평가하는 기준은 그녀의 행함에 있었다. "보아스가 그에게 대답하여 이르되 네 남편이 죽은 후로 네가 시어머니에게 행한 모든 것과 네 부모와 고국을 떠나 전에 알지 못하던 백성에게로 온 일이 내게 분명히 알려졌느니라 여호와께서 네가 행한 일에 보답하시기를 원하며"(11~12절 상).

보아스는 그녀가 모압 여인이란 것을 보지 않았다. 그녀가 과부란 사실에 주목하지 않았으며, 가난한 형편이라는 점도 중요하게 생각하지 않았다. 오직 그녀가 행한 일을 보았고, 그 일이야말로 상 받을 만한 일이라고 판단하였다. 하나님은 훗날 우리의 소유가 아니라 우리가 행한 대로 갚으신다고 말씀하신다. "인자가 아버지의 영광으로 그 천사들과 함께 오리니 그 때에 각 사람이 행한 대로 갚으리라"(마 16:27). 하나님의 가치 기준은 그의 학력, 부, 명예, 외모가 아니다. 오직 그가 행한 것에 있다.

보아스가 칭찬하는 룻의 두 가지 행동 | 보아스가 칭찬하는 룻의 행동 두 가지는 무엇인가? "보아스가 그에게 대답하여 이르되 네 남편이 죽은 후로 네가 시어머니에게 행한 모든 것과 네 부모와 고국을 떠나 전에 알지 못하던 백성에게로 온 일이 내게 분명히 알려졌느니라"(11절).

첫째, 시어머니에 대한 헤세드 즉 선대이다. 룻은 남편이 죽은 후에도 시어머니를 섬겼고, 그래서 부모와 고국까지 떠나게 되었다. 이렇게 자신의 전 생애를 걸고 시어머니를 붙좇는 이 헤세드는 그냥 나오는 것이 아니다. 여기서 이 여인의 무게감이 달라진다. 아, 룻은 보통 여인이 아니구나!

둘째, 신앙의 결단이다. "네 부모와 고국을 떠나 전에 알지 못하던 백성에게로 온 일이 내게 분명히 알려졌느니라"(11절 하). 그녀가 부모와 고국을 떠나서 낯선 백성에게로 왔다는 점이다. 보아스는 이것을 그녀가 "그의 날개 아래에 보호를 받으러 온"(12절 하) 것이라고 표현한다.

룻에게는 분명히 모압의 부모와 남편이란 새로운 보호처가 있었다. 하지만 가장 힘든 상황에 처한 시어머니를 버린다는 것이 너무나 마음이 아팠다. 그래서 결단을 내리고 어머니를 따른다. 그러면서 자신의 미래를 여호와께 맡겼다. 하나님의 날개 아래로 피하기로 한 것이다. 보아스는 이것을 룻의 신앙의 결단이라고 말한다. 룻은 아브라함처럼 본토와 친척, 아버지 집을 떠나서 하나님께로 왔다. 이것이 바로 믿음의 행동이다.

하나님의 가치 기준 | 보아스는 이러한 룻에게 하나님이 상을 주셔야 한다고 말한다. 우리는 여기서 하나님의 가치 기준을 볼 수 있다.

"여호와께서 네가 행한 일에 보답하시기를 원하며 이스라엘의 하나님 여호와께서 그의 날개 아래에 보호를 받으러 온 네게 온전한 상 주시기를 원하노라 하는지라"(12절). 보아스는 하나님이 그녀가 행한 일에 보답해 주시기를 원한다고 말한다. 그리고 이어서 온전한 상 주시길 원한다고 고백한다. 여기서 '온전한 상'은 원어로 '임금, 급여'란 뜻을 가지고 있다. 이를 반영하면 보아스의 말은 하나님이 룻에게 임금을 온전히 챙겨 주시길 원한다는 의미로 볼 수 있다. 다시 말해, 하나님이 룻이 행한 일에 대해서 급여를 주셔야 한다는 뜻이다. 룻이 나오미에게 행한 모든 선대에 대해 그리고 고국을 떠나고 남편도 포기하고 부모를 떠나온 모든 것을 헤아려 하나님이 임금을 주시기를 원한다는 말이다.

이게 무슨 말인가? 하나님은 이러한 일에 임금을 주시는 분으로, 이 일을 칭찬하고 상을 주심으로써 이러한 일을 귀히 여기신다는 뜻이다.

특별히 이 말은 대신 갚아 주신다는 의미를 지닌다. "나오미는 이 일에 대가를 지불할 능력이 없지만, 하나님만 믿고 왔으니 주님이 대신 룻에게 갚아 주십시오"라는 의미이다. "가난한 자를 불쌍히 여기는 것은 여호와께 꾸어 드리는 것이니 그의 선행을 그에게 갚아 주시리라"(잠 19:17).

갚을 길 없는 사람에게 베풀 때, 하나님은 그것을 귀하게 여기시며 대신 갚아 주신다. 하나님은 갚을 길 없는 어려운 사람에게 행한 일을 자신에게 행한 것으로 여기신다.

"이에 의인들이 대답하여 이르되 주여 우리가 어느 때에 주께서 주리신 것을 보고 음식을 대접하였으며 목마르신 것을 보고 마시게 하였나이까 어느 때에 나그네 되신 것을 보고 영접하였으며 헐벗으신 것을 보고 옷 입혔나이까 어느 때에 병드신 것이나 옥에 갇히신 것을 보고 가서 뵈었나이까 하리니 임금이 대답하여 이르시되 내가 진실로 너희에게 이르노니 너희가 여기 내 형제 중에 지극히 작은 자 하나에게 한 것이 곧 내게 한 것이니라 하시고"(마 25:37~40) 하나님이 결국 갚아 주신다.

"하나님은 불의하지 아니하사 너희 행위와 그의 이름을 위하여 나타낸 사랑으로 이미 성도를 섬긴 것과 이제도 섬기고 있는 것을 잊어버리지 아니하시느니라"(히 6:10).

보아스는 "룻이 모압 여인이니 하나님의 백성이 아니며 하나님도 별 관심을 갖지 않으신다"라고 말하지 않는다. 오히려 그는 하나님이 그녀에게 상 주시길 원했다. 보아스는 오직 그녀의 행위를 보고 평가했으며 그녀는 정녕 하나님께 칭찬받을 만한 사람이라고 여겼다.

누가 진정한 유대인인가? | 성경은 유대인인가, 할례를 받았는가 가 아니라 그가 진정으로 율법을 행하는가에 따라 하나님이 칭찬 하신다고 말씀한다. 예수님이 말씀하신 사마리아인의 비유를 기억 하는가? 한 율법교사가 누가 우리 이웃이냐고 묻자, 주님은 그에게 "누가 강도 만난 자의 이웃이냐?"라고 다시 물으시며 네가 어려운 자의 이웃이 되라고 하셨다. 그리고 이것이 곧 율법을 행하는 것이 라고 말씀하셨다(눅 10:25~37).

사도 바울 역시 이렇게 말한다. "온 율법은 네 이웃 사랑하기를 네 자신 같이 하라 하신 한 말씀에서 이루어졌나니"(갈 5:14). 결국 율법이 묻는 것은 할례를 받았느냐, 안식일을 지키느냐가 아니라 누가 긍휼을 베푸는가, 누가 사랑을 베푸는가, 누가 형제의 짐을 져 주는가이다. 하나님은 바로 그런 사람을 중하게 보신다. 주님은 하나님을 사랑하고 이웃을 네 몸같이 사랑하는 것이 온 율법이라 고 하셨다. 그런 면에서 룻은 온 율법을 이룬 사람이다. 그녀가 참 이스라엘이요, 참 하나님의 사람이다. 그녀는 칭찬받고 하나님께 상 받음이 마땅하다.

우리는 이 말씀 속에서 복음을 생각해 봐야 한다. 왜 주님이 우 리를 위해서 죽으셨을까? 왜 값없이 은혜로 구원하셨을까? 우리로 이제 더 이상 나 자신을 위해 살지 않고, 주님께 순종하는 삶을 살 게 하시기 위해서이다. 율법을 이루는 삶을 살도록 주님은 우리를 구원하셔서 성령을 보내주셨다. 우리가 정말 은혜로 구원받은 존재 라면 우리는 어떻게 살아야 하겠는가? 성경은 우리의 구원을 인정 하는 기준을 바로 열매라고 말씀한다. 우리가 교회를 다니는가, 직

분이 무엇인가가 아니다. 바로 우리의 행위 곧 열매이다.

사도 바울은 거듭남의 증거를 사랑의 수고, 믿음의 역사, 소망의 인내라고 말한다(살전 1:3). 우리 그리스도인은 바로 이 세 가지, 즉 사랑, 믿음, 소망으로 산다. 이 사랑이 우리가 다른 사람의 아픔을 보고 그냥 지나칠 수 없으며, 어린 양 떼를 먹이라는 사명 앞에서 가만히 있지 못하는 이유다. 나도 힘들지만 수고를 마다하지 않는다. 믿음 때문에, 하나님을 신뢰하기 때문에 우리는 역사를 이루어 간다. 때로 위험을 감수하며 삶을 던진다. 우리가 그분을 소망하기 때문이다. 우리 주님은 우리에게 상 주심을 바라보면서, 어렵더라도 소망을 가지고 인내하라고 말씀하신다. 이것이 거듭난 신자의 모습이요, 오늘 우리의 삶이다.

보아스의 시각과 책임감을 가지라

하나님의 가치 기준으로 바라보라 | 우리가 보아스에게서 한 가지 더 주목할 점은 하나님의 가치 기준으로 바라보며 칭찬하고 격려하는 모습이다. 룻은 모압 여인인 동시에 가난한 과부였다. 하지만 보아스는 이러한 겉모습이 아니라 하나님의 가치 기준으로 이 여인을 보았다. 보아스의 칭찬은 그냥 빈말이라고 할 수 없다. 정말 귀중하게 여겼기에 나중에 아내로 맞이하기까지 한 것이다.

자신을 격려하는 보아스에게 룻은 이렇게 답한다. "당신이 이

하녀를 위로하시고 마음을 기쁘게 하는 말씀을 하셨나이다 하니라"(13절 하). 당신의 말로 너무나도 큰 위로와 기쁨을 얻었다는 의미이다.

신학생 시절에 만났던 한 분이 생각난다. 당시 나는 새벽 세 시까지 공부하며, 너무 좋아서 늘 울면서 다녔다. 파트타임이었지만 전임처럼 맡은 젊은이들을 위해 목숨을 걸고 뛰어다녔다. 그러다가 어느 순간 건강이 나빠졌다. 폐결핵과 불면증이 찾아온 것이다. 이런 나의 모습을 보고 일곱 살 많은 전도사님이 이렇게 말씀하셨다. "내가 보니 형제는 너무 귀한 것 같아. 이런 은사와 열정을 가진 사람이 드물어. 한국에서 형제같이 열정과 부지런한 헌신으로 주를 섬기는 사람이 얼마나 되겠어. 하지만 자신을 너무 소진하는 것 같아 안타까워. 그렇게 뛰다가 쓰러지면 하나님이 얼마나 손해겠어. 그러니 자신을 사랑하는 일을 죄로 여기지 않았으면 해. 오래오래 쓰임 받아야 하잖아."

나는 그때 얼마나 울었는지 모른다. 누구 앞에서 울어본 것이 그때가 처음이었다. 그때 내 신세가 룻과 같았는데, 내 곁에서 나를 격려해 준 보아스를 만난 것이다.

우리 주변에 이런 믿음의 격려를 받아야 할 사람들이 많이 있다. 세상은 바보 같다고 하지만 묵묵히 룻처럼 섬김과 믿음의 길을 가는 사람들이 격려받아야 한다. 그곳이 교회다. 룻이 엎드려 절하며 왜 나 같은 이방 여인에게 은혜를 베푸느냐고 할 때, 보아스의 마음은 어땠을까? '네가 나에게 절하고 있지만 상 받을 사람은 너다. 내가 너에게 감사의 절을 하고 싶다.' 이런 마음이지 않았을까? 이런 분들이 겉으로는 초라하고 힘없어 보일지라도 실제로는 그렇지 않다는 사실을 깨닫게 된다. 나는 이런 성도들을 볼 때마다 고개가 저절로 숙여진다.

책임의식을 가지라 | 마지막으로 주목할 점은 룻의 신앙의 가치를 알아주고 격려하는 보아스는 도대체 누구인가 하는 점이다. 보아스는 마치 자신이 빚을 진 것처럼 룻의 기업 무를 자로서 짐을 지는 데까지 나아간다. 왕이 없어 제 소견대로 행하는 그 시대에 그는 주님의 통치를 대변해서 다스리는 사람처럼 보인다. 보아스는 누군데 이렇게 행하는 것일까? 그는 왕도 아니요, 무슨 책임이나 의무를 지고 있지도 않다. 게다가 그는 기업 무를 친족의 1순위도 아니다. 그런데 왜 그러는 것일까?

괜히 그 혈통에서 다윗이 나온 것이 아니다. 괜히 메시아의 혈통이 되는 것이 아니다. 더 거슬러 올라가면 유다도 자신이 베냐민을 대신하겠다고 하지 않았는가! 자신이 책임지겠다는 마음, 곧 책임의식이 있었던 것이다.

우리 주님이 왜 왕이 되셨는가? 주님이 책임지신 것이다. 책임지는 사람이 주인이다. 굳이 내가 하지 않아도 되는데 책임감을 느끼고 빚진 의식으로 나서는 사람, 그가 바로 예수님의 혈통을 가진 사람이다. 사사건건 참견하는 사람을 말하는 것이 아니다. 책임을 지며 문제 해결에 주도적인 사람을 말하는 것이다.

그런 면에서 우리에게는 보아스가 필요하다. 보아스는 룻을 환대함으로써 그녀가 설 땅을 제공했다. 교회 역시 낯선 사람에게 설 땅을 제공하는 공동체가 되어야 한다. 우리는 어떤 위치에 있는가? 여전히 낯설어하며 자신을 환대할 사람이 필요하다고 느끼고 있는가? 아니면 누군가의 설 땅이 되어 주고 있는가?

우리 주님은 제자들과 3년 동안 함께하신 후에 다 파송하셨다. 그들은 늘 그 시절을 그리워하고 서로를 보고 싶어 했을 것이다. 하지만 주님은 그들을 각자의 사명지로 파송하시고 그곳에서 누군가의 설 땅이 되라고 하셨다. "그곳에서 사랑하고 섬기다가 훗날 천국에서 다시 만나자. 그때 거기서 함께 떡을 나누자"라고 하셨다. 이것이 주님의 명령이다(마 26:26~29). 우리는 각자의 은사를 따라서 누군가의 보아스가 되어야 한다.

랜디 알콘(Randy Alcorn)은 『기빙』(Giving)이란 책에서 복음의 후원자들을 다음과 같이 소개한다. 윌리엄 틴데일이란 위대한 설교자에게는 그와 함께 팀을 이룬 험프리만 보스란 부유한 의류 상인이 있었다. 조지 휘필드에게는 귀부인 헌팅턴과 최상위 계층의 조력자들이 있었다. 존 뉴턴에게는 영국에서 가장 부유한 존 손튼이 있었는데, 그 덕에 뉴턴의 찬양을 실은 찬송가가 출판될 수 있었다고 한다. 이들을 소개하면서 랜디 알콘은 이렇게 말한다. 왜 하나님은 험프리만 보스, 귀부인 헌팅턴, 존 손튼에게 사업의 성공과 부를 주셨을까? 그것은 윌리엄 틴데일과 조지 휘필드와 존 뉴턴에게 설교와 작곡의 재능을 주신 이유와 같다. 그리스도를 높이고 그의 나라를 전 세계에 확장하기 위해서이다.

성경은 보아스가 유력자라고 말씀한다. 힘이 있는 자라는 뜻이다. 보아스는 자신의 힘으로 누군가의 설 땅이 된다. 내가 영적으로 힘이 있든, 경제적으로 힘이 있든, 그 어떤 힘이 내 안에 있다면 그것으로 내가 이 시대에 보아스가 되어야 한다. 이제 나를 격려해 줄 보아스는 그만 찾고 우리가 누군가의 보아스가 되어야 한다. 이를 위해서 주님이 보아스가 되어 쉼 없이 우리를 격려해 주셨고, 또 주님이 보내신 수많은 보아스가 그동안 우리를 격려한 것이다. 이 시대는 보아스를 기다린다. 우리가 보아스가 되는 것, 이것이 성숙이다. 이제 우리는 보아스가 되기 위해 훈련과 섬김의 자리로 나아가야 할 것이다.

■생각 나누기

- 누군가의 설 땅이 되어 준 보아스의 모습이 오늘 우리 교회와 성도인 우리에게 주는 특별한 교훈은 무엇인가?
- 아직 낯설어하는 새로운 성도에게 우리의 환대와 환영이 어떤 위로를 줄 수 있다고 생각하는가?
- 보아스가 가진 경제관이 다른 이유는 무엇인가?
- 보아스는 왜 나눌 때 하나님이 자신의 밭에 복을 주실 것이라고 생각하였는가?
- 보아스가 룻을 칭찬한 두 가지 이유는 무엇인가?
- 보아스가 가진 가치 기준의 근거는 무엇인가?
- 우리가 세상에서 어려운 누군가에게 보아스가 되어야 하는 이유는 무엇인가?

Ruth

6장

다시 꿈꾸라

룻 2:14~23

자격이 없던 룻을 식사 자리로 초대하여 환대한 보아스로 인해
룻은 새로운 꿈을 꿀 수 있게 되었다.
룻은 이곳에서 육적 배고픔만이 아닌
영적 배고픔도 채워지는 기쁨을 누리게 되었다.
더욱 놀라운 사실은 그녀를 다시 회복시켜 줄 고엘을 만나게 되었다는 것이다.
이처럼 룻이 다시 새로운 꿈을 꿀 수 있게 된 이유는 무엇일까?

다시 꿈꾸게 하는 은혜

도무지 다시 꿈꿀 수 없을 것 같았던 룻과 나오미가 꿈을 꿀 수 있게 된 이유는 무엇일까? 깊은 절망 가운데 있던 나오미가 어떻게 희망을 갖게 된 것일까?

환대의 은혜

누군가의 환영, 환대가 세상을 바라보는 시각을 바꾼다. 보아스는 룻을 환대하여 식사에 초대한다. "식사할 때에 보아스가 룻에게 이르되 이리로 와서 떡을 먹으며 네 떡 조각을 초에 찍으라 하므로 룻이 곡식 베는 자 곁에 앉으니 그가 볶은 곡식을 주매 룻이 배불리 먹고 남았더라"(14절).

식탁 공동체에 초대하라 | 룻은 두 가지 측면에서 식사 자리에 앉을 자격이 없었다.

첫째, 식사는 밭에서 땀 흘려 일한 일꾼들의 자리였다. 하지만 룻은 그 밭을 위해서, 보아스를 위해서 한 일이 없다. 오히려 그녀는 보아스에게 도움을 받으러 온 처지이다. 따라서 그녀는 식사할 자격이 없다. 그런데 그녀를 식사에 초대한다는 것은 그녀를 그 밭의 일꾼 중 한 사람으로 인정해 준다는 의미가 된다. 한 일이 없는데 삶을 주는 것과 마찬가지다.

둘째, 당시 유대인은 이방인과 함께 식사하지 않았다. 안디옥교회에서 베드로가 이방인과 식사하다가 예루살렘에서 성도들이 오자 피한 사건을 기억할 것이다(갈 2:11~14). 그만큼 유대인이 이방인과 식사한다는 것은 파격적인 일이었다.

과거 우리나라 조선 시대만 해도 밥 먹는 데서 신분 질서가 분명했다. 심지어 남자들도 겸상을 하지 않았다. 할아버지, 아버지, 형님, 동생이 다 따로 독상을 받아 먹었다. 여자들은 상 위가 아닌 방바닥에서 대충 먹었고 노비들은 마당에서 먹었다. 양반들이 아내와 잠은 같이 자도 밥만큼은 절대로 같이 먹지 않았다. 이처럼 유대인은 이방인과 절대로 밥을 같이 먹지 않았다. 설사 식사를 베풀어 준다고 해도 같은 식탁에 앉지 않았다.

그런데 성경은 "룻이 곡식 베는 자 곁에 앉으니"라고 분명히 말한다. 그녀가 식탁 공동체에 초대받은 것이다. 이는 낯선 동네, 이방인을 부정하고 차별하는 그 동네에서 경험하는 엄청난 환대였다.

식탁 교제는 임재하신 주님의 은혜를 경험하게 한다 | 우리는 가족을 식구라고 한다. 함께 밥을 먹는 밥상공동체라는 것이다. 음식이 피를 만드는데, 이 음식이 같아야 비로소 같은 피를 나누는 애틋한 가족이 된다는 말도 있다. 결국 가족이란 밥상에서 만들어진다는 뜻이다. 함께 밥을 먹어야 가족이 되고, 그렇지 않으면 가족이 되지 않는다는 것이다. 자녀가 잘못했다고 부모가 밥을 굶기지는 않는다. 야단을 치고 방에 들어가서 반성하라고 해도 식사 때가 되면

와서 밥 먹으라고 부른다. 무슨 말인가? 좀 잘못하고 야단맞아도 여전히 넌 우리 집 식구라는 뜻이다. 밥상에서 그 지위가 다시 회복된다. 우리는 밥상에서 육적 생명만 얻는 것이 아니다. 마음과 영의 생명도 얻는다. 성경을 보면 천국을 가장 잘 그려 주는 모습이 바로 잔치다.

예수님은 천국을 자기 아들을 위해 혼인 잔치를 베푼 어떤 임금과 같다고 말씀하셨다(마 22:1~14). 초대받은 사람들이 바쁘다고 여러 핑계를 대며 오지 않자 왕은 종들을 보내 길에서 아무나 오라고 청하였다. 자격이 없는 이들을 초청한 것이다. 그들은 이와 같은 특별한 은혜로 왕의 잔치에 초대받게 되었다. 우리의 구원도 그와 같다.

예수님은 또한 탕자를 비유로 드셨다(눅 15:11~32). 재산을 요청하고 나눠 받은 둘째 아들이 먼 나라에 가서 허랑방탕하게 재산을 낭비하고 빈손으로 돌아왔는데, 아버지는 그런 아들을 향해 달려와 입을 맞추고 안아주며 환대하고 잔치를 벌였다. 자격 없는 자를 향한 하나님의 열렬한 환대, 이것이 구원이다. 예수 그리스도로 인해, 일한 것이 없지만 삯을 받고, 부정하지만 거룩하게 여겨지고, 죄를 지었지만 의로운 존재로 용서받고 받아들여지게 된 것이다.

예수님이 잡히셨을 때 제자들은 모두 도망하였고, 베드로는 세 번이나 예수님을 부인하고서 깊은 죄책과 낙담에 빠져 버렸다. 예수님은 십자가에서 죽임을 당하시고 부활하신 후에 제자들을 찾아가셨다. 제자들은 물고기를 잡으러 갔지만 밤새 한 마리도 잡지 못했다. 이 새벽에 예수님이 그들을 찾아가셨다(요 21:9~13). 예수님은 말씀으로 제자들에게 많은 물고기를 잡게 하셨고, 또 숯불을 피워 놓고 기다리시다가 제자들을 맞아 떡을 구워 주심으로 식사 자리에 초대하셨다. 예수님은 식사 자리를 통해 제자들에게 "비록 잘못했어도 여전히 너희는 내 식구고 내 자녀야"라고 말씀하신 것이다. 이것이 식사다. 식탁이야말로 우리 주님의 구원의 은혜를 가시적으로 보여주는 현상이다. 그런 면에서 우리는 서로를 초대하여 함께 먹음으로써 이 구원을 경험할 수 있다.

예수님이 죽으신 후 낙담하여 엠마오 마을로 가던 제자들은 예수님이 그들과 함께 계신 줄 몰랐다(눅 24:13~35). 그런데 예수님을 집으로 초대하고 예수님이 떡을 떼어 주실 때 눈이 밝아져 그제야 예수님을 알아본다. 식탁 교제를 통해 주님의 임재를 받아 누린 것이다.

주님의 임재는 기도할 때만, 예배할 때만 경험하는 것이 아니다. 우리가 서로 사랑할 때 주님이 우리 가운데 임하신다. 그런 면에서 함께 식사하는 때만큼 서로 친밀해지는 시간이 없다. 함께 제자 훈련할 때를 떠올려 보면, 이상하게도 식사 시간이 가장 즐거웠던 기억이 난다. 단지 밥이 맛있었기 때문이 아니다. 식사 교제를 통해 서로 환대받았기 때문이다. 함께 식사하는 것이 즐겁다면 서로 식구라는 의미가 된다. 식사 시간에 우리는 우리 가운데 임재하신 주님의 은혜를 경험하게 된다.

환대는 구원을 확인하고 누리게 한다 | 보아스는 룻을 식사 자리에 초대해 떡을 주고 떡 조각을 초에 찍으라고 한다. 여기서 떡은

빵이다. 우리가 레스토랑에 가면 전식으로 빵을 주는데 거기에 올리브오일과 발사믹 식초 같은 것을 찍어 먹는다. 그것을 생각하면 된다. 그런 후에 보아스는 볶은 곡식을 주는데, 이것은 아마도 후식인 것 같다. 풀코스다. 룻은 초의 달콤새콤한 맛과 볶은 곡식의 고소한 맛을 경험한다. 지금 이 본문 자체가 그런 미각을 상상케 하지 않는가! 이는 기쁨을 상징한다. 오늘 룻이 경험한 바가 그것이다. 룻은 거기서 육적 배고픔만이 아니라 영적 배고픔도 채워지는 기쁨을 누렸을 것이다.

덴마크의 작가 카렌 블릭센(Karen Blixen)이 쓴 소설을 바탕으로 만든 <바베트의 만찬>(Babette's Feast)이라는 영화가 있다.

노르웨이의 가난한 마을에 금욕주의적인 루터교 교회가 있었다. 그 교회 교인들은 세상을 철저히 등진 채 옷은 까만색 일색으로 입고, 음식은 맛없는 묽은 죽 같은 것만 먹으며, 이 세상의 어떤 쾌락도 멀리하고 오직 천국만 소망하며 살았다. 늙은 목사가 죽고 그의 두 딸이 아버지의 뒤를 이었는데, 그녀들 역시 아버지의 가르침대로 금욕주의적 경건으로 살아간다. 사랑도, 재능의 발산도 다 세속적인 것으로 간주하고 중년에 이르도록 독신으로 교회를 돌보며 경건과 금욕의 삶을 살아간다.

그러나 12명밖에 안 되는 교인들은 서로 관계가 나빠지게 된다. 남자 교인끼리 사업상의 문제로 앙심을 품었고, 어떤 남녀는 30년간 눈이 맞아 바람을 피웠다는 소문도 들렸다. 10년 넘게 말을 하지 않고 지내는 노파들도 있었다.

그러던 어느 날 밤, 두 자매는 집 앞에 어느 여인이 쓰러져 있는 것을 발견하고 집에 데려가 돌봐준다. 파리에서 요리사였던 그 여인은 이후 12년 동안 두 자매를 위해 요리와 집안일을 도와주게 된다. 12년이 지나 이 여인에게 프랑스에서 편지가 왔다. 그녀가 복권에 당첨되어 1만 프랑의 상금을 타게 되었다는 것이다. 두 자매는 이제 그녀가 돌아갈 것이라고 생각하고 섭섭해한다. 그때 마침 돌아가신 목사님의 100세 생신 기념 잔치가 돌아오고, 여인은 그동안 자신을 돌봐준 대가로 기념 잔치를 직접 차리게 해 달라고 요청한다.

며칠의 준비 시간을 얻은 그녀는 최고급 프랑스 요리를 계획하고 작은 새들, 샴페인과 포도주, 소머리, 신선한 야채, 프랑스산 버섯, 꿩, 햄, 바닷속 희귀한 생물, 거북이까지 신기한 요리재료를 싣고 온다. 그리고 도자기와 유리그릇을 갖추고, 촛불과 나무로 실내를 꾸민 후 평생 한 번 먹어볼까 말까 한 최고급 프랑스 요리를 차리고 12명의 교인을 모두 초청하여 만찬을 배설한다.

사이가 좋지 않던 그들은 그저 침묵 속에서 음식을 먹다가 만찬이 주는 신기한 힘에 어느덧 취하게 된다. 드디어 입을 열어 목사가 살아 있었을 때의 옛날이야기가 오가고, 과거의 크리스마스 이야기도 한다. 급기야 사업계약 때 사기를 쳤던 남자 교인이 상대방에게 잘못을 빌고, 원수같이 지내던 두 노파도 말문이 터져 우물가에 빙 둘러서서 두 손을 잡고 찬송을 부른다. 작가는 거기에 이렇게 덧붙인다. "마치 모든 죄가 양털같이 하얗게 씻겨 깨끗한 새 옷을 입고 어린 양처럼 뛰노는 것같이 느껴졌다." 왜 그럴까? 만찬에 초대되어 함께 먹을 때, 비로소 그들은 자신들이 받은 하나님의 구원을 시각적으로 경험한 것이다.

이 여인은 자신이 받은 1만 프랑을 이 만찬에 다 쏟아부었다. 1만 프랑은 지금 돈으로 하면 약 1,200만 원이다. 1인당 100만 원짜리 식사를 한 것이다. 그 만찬이 그 오랜 세월 은혜 없이 경건과 금욕으로 메말라 가기만 하던 그곳에 하나님의 사랑이 흘러들어오게 하였고, 그 사랑이 그들의 삶을 변화시켰다. 이것이 만찬의 힘이요, 환대의 힘이다.

감독의 자격 중 하나가 나그네를 잘 대접하는 것이다. 나누고 섬기기 좋아하는 사람이 교회의 지도자가 되어야 한다는 것이다. 이는 우리가 환대하는 공동체가 되어야 함을 의미한다. 사사 시대에 나타난 타락의 모습이 무엇인가? 나그네 환대가 사라진 것이다(창 18:1~8; 신 10:19). 정말 좋은 사회는 낯선 사람이 잘 정착하도록 돕는 사회이다. 좋은 교회는 낯선 사람을 환대하는 교회이다. 다문화인이나 장애인, 가난한 사람들을 배려하고 환대하는 공동체가 바로 그리스도의 공동체이다.

우리는 지난 코로나 팬데믹 기간에 많이 힘들었다. 그중의 하나가 함께 만나지 못한 일이다. 만나서 식사하고 교제하며 서로를 환대하는 일을 하지 못했다. 우리는 함께 모여서 예배하고 찬양하며 사랑의 교제를 나눔으로써 날마다 우리의 구원을 확인하고 누리게 된다. 이것을 하지 못하니 힘들었던 것이다. 어디서부터 다시 꿈꿀 수 있을까? 함께 만나고 서로를 환대해야 한다. 거기서부터 우리는 다시 꿈꿀 수 있다.

돌봄의 은혜

배려하며 도우라 | 식사 후 룻이 다시 이삭을 주우려고 일어나니 보아스가 소년들에게 특별한 지시를 한다. "룻이 이삭을 주우러 일어날 때에 보아스가 자기 소년들에게 명령하여 이르되 그에게 곡식 단 사이에서 줍게 하고 책망하지 말며"(15절).

이삭줍기는 보통 추수가 다 끝난 곳에서 해야 한다. 그런데 보아스는 단 사이에서 줍게 하라고 명령한다. 이렇게 하면 룻이 이삭을 주울 확률이 높아질 것이다. 그리고 더불어 책망하지 말라고 덧붙인다. 혹시 일하는 데 방해된다고 책망하지 말라는 의미다. 다시 말해 룻이 마음껏 줍도록 배려하라는 말이다.

"또 그를 위하여 곡식 다발에서 조금씩 뽑아 버려서 그에게 줍게 하고 꾸짖지 말라 하니라"(16절). 또한 보아스는 곡식 다발에서 조금씩 뽑아 이삭을 더 많이 흘리고 그녀를 꾸짖지 말라고 한다. 보통 가난한 사람을 도와주면서 인격을 무시하는 경우가 많다. 그런데 그렇게 하지 말라는 것이다. 그녀가 눈치를 채고 자존심 상하지 않도록, 기쁨으로 줍도록 배려하라는 말이다.

그렇게 주운 곡식의 양이 얼마나 되었는가? "룻이 밭에서 저녁까지 줍고 그 주운 것을 떠니 보리가 한 에바쯤 되는지라"(17절). 한 에바는 22~36리터 되는 양으로, 13.6~23.6kg 정도로 보면 될 것이다. 한 에바는 열 호밀이다. 한 호밀이 하루치 양식이다. 그러므로 한 에바는 열흘 치 양식이다. 둘이 먹으면 5일 치 양식인 셈이다. 약 일주일 치 식량을 모은 것이다. 하루 종일 밭에 나가 이삭을 주우면 열흘을 먹고 산다. 이것은 이삭을 주워서 할 수 있는 일이 아니다.

돌봄의 명확한 증거를 제시하라 | 룻이 가져온 한 에바의 곡식을 보고 나오미가 말한다. "시어머니가 그에게 이르되 오늘 어디서 주웠느냐 어디서 일을 하였느냐 너를 돌본 자에게 복이 있기를 원하노라 하니"(19절).

룻이 가져온 많은 양식에 놀란 나오미는 어디서 일했는지를 물으며 너를 돌본 자에게 복이 있기를 원한다고 고백한다. 즉 누군가가 룻을 돌보았다는 의미다. 여기서 '돌본 자'란 단어가 눈에 띈다. 아마도 나오미에게 가장 그리운 단어였을 것이다.

가나안 땅의 특징은 하나님이 돌보시는 땅이라는 점이다. 세초부터 세말까지 하나님의 눈이 감찰하시는 땅이다. 그런데도 나오미는 모압으로 이주하였다. 하나님이 돌보시는 둥지를 떠난 것이다. 하나님의 돌봄을 떠난 나오미의 인생이 얼마나 황무해졌는가? 나오미의 하나님은 더 이상 그를 돌보시는 분이 아니라 그를 치시고 텅 비게 하시는 분이었다. 남편이 아파서 죽을 때도, 말론과 기룐이 병을 앓다가 수척해져서 죽을 때도 하나님은 돌아보지 않으셨다. 그의 기도에 응답하지 않으셨다. 그래서 결국 나오미는 텅 비어 돌아올 수밖에 없었다.

돌봄으로 희망을 가지게 하라 | 망해서 텅 빈 나오미에게 가장 생소한 단어는 바로 '돌봄'이다. 그녀의 삶에 도무지 있을 것 같지 않

던 단어 '돌봄'이 나오미에게 다시 꿈을 꾸고 희망을 갖게 한다. 땅도 돌보지 않고 버려두면 황무지가 되는 것처럼, 우리 인생도 그렇다. 누군가 인생을 돌볼 때 다시 활짝 피어나게 된다.

아내들이 제자훈련을 받을 때 경험하는 가장 큰 행복이 바로 '돌봄'이다. 결혼하여 주부가 되고 엄마가 되면서 늘 돌보는 삶을 살았다. 남편과 아이들과 부모님을 돌보며 바쁘게 살다 보니 미처 자신은 돌보지 못했다. 그런데 제자훈련에 들어오니 지도자가 나의 영혼을 돌봐준다. 나를 위해 기도해 주고, 나를 훈련해 주며, 나의 신앙과 삶에 관심을 두고 지도해 준다. 그렇게 1년, 2년을 지내니, 나를 돌보아주는 이가 없어서 황무지 같던 영혼이 다시 소성하기 시작한다. 그래서 제자훈련을 하다 보면 매시간이 눈물바다가 된다. 영혼이 돌봄을 받으니 감격이 생기기 시작한다. 이것이 바로 돌봄의 위력이다.

주님의 돌보심을 체험하라 | 룻이 보아스를 통해 특별한 돌봄을 경험하는 것처럼, 우리 역시 그리스도 안에서 돌보시는 은혜를 경험하게 된다.

과연 크신 하나님이 나같이 작은 인간에게 관심을 가지실까 하고 회의에 빠져 있던 한 사람이 있었다. 비가 오는 어느 날, 그가 차를 타려고 어느 하수구 옆을 지나가는데 그의 마음속에 하수구를 쳐다보라는 음성이 들리는 것 같았다. 그러나 그 느낌을 무시한 채 그냥 차를 타고 운전하려 하는데 집에 두고 온 것이 있어서 다시 하수구 옆을 지나가게 되었다. 그때 다시 동일한 음성이 들리는 것

같아서 그저 호기심으로 하수구 안을 쳐다보았다. 그런데 거기에 참새 한 마리가 다리가 부러져 신음하고 있었다. 그는 그 새를 데려가 돌보아주었다. 하나님이 이 참새 한 마리조차 돌보신다는 것을 깨달은 그는 자신을 돌보시는 분이 바로 하나님이시라는 확신을 가지게 되었다.

하나님은 우리를 돌보시는 분이다. 우리의 삶에 무심한 분이 아니시다. 우리가 염려하는 것을 아뢰면 우리를 돌보신다. "너희 염려를 다 주께 맡기라 이는 그가 너희를 돌보심이라"(벧전 5:7).

하나님의 날개 아래 보호받기 위해서 온 룻을 하나님이 보아스를 통해 얼마나 세심하게 돌보시는가를 보라. 보아스는 룻이 오늘은 어쩌다 은혜를 입었으나 내일은 갈 곳이 없을까 봐 고정적으로 자신의 밭에 오게 해준다. 룻이 소년들에게 성추행을 당할 위험을 미리 방지하여 보호해 주고, 물을 먹게 하고, 식사에 초대한다. 이삭을 줍다가 꾸짖음을 당하여 위축되지 않고 마음껏 일하도록 배려하며, 이삭을 몰래 흘려서 자존심 상하지 않게 도와주고, 인색함 대신 후하게 나누어 준다. 보아스는 진정으로 세심하게 룻을 돌보았다. 이것이 바로 우리 주님의 돌보심이다.

이 세상은 약육강식의 세상이다. 일찍 일어나는 새가 벌레를 잡고, 수고 없이는 얻는 것도 없다. 경쟁에서 뒤처지면 게으른 사람으로 낙인찍힌다. 도덕적으로 한 번 미끄러지는 순간 다시는 기어오를 기회조차 주지 않는 율법사회이다. 그런데 우리 주님이 다스리시는 나라는 그렇지 않다. 주를 떠났던 나오미가 다시 회복될 기회를 얻는다. 이방 여인 룻이 환대받고 돌봄을 받는다. 꺼져가는 등

불이 꺼지지 않고 다시 밝히 타오르며, 상한 갈대도 꺾지 않는다. 이것이 하나님 나라다. 능력 있는 자만 꿈꾸는 그런 나라가 아니다. 룻이 피어나고 나오미가 꿈을 꾼다면 오늘 그리스도의 은혜 안에서 다시 꿈꾸지 못할 사람이 없다.

주님의 공동체가 되라 | 우리는 우리 교회가 보아스의 공동체같이 후하고 아낌없는 공동체가 되도록 해야 한다. 그것이 바로 주님의 공동체이다.

우리 교회는 그동안 네 번째 분립 개척을 하였다. 모든 교회가 다 잘 성장하고 있다. 코로나 상황에서도 흔들림 없이 말이다. 우리나라 개척교회의 성공률은 현재 250:1이라고 한다. 미국에서도 개척 교회를 연구한 결과, 75%가 수년 안에 사라진다고 한다. 15%는 시작할 때 규모 그대로이고, 오직 10%만이 성장한다. 그 이유는 대부분이 미숙아 개척이기 때문이라고 한다. 아이가 엄마 배 속에서 열 달 동안 자라고 태어나야 생존하듯이 개척교회도 누군가 돌봐야만 성공한다는 것이다.

하지만 우리는 교회의 성장도 세상적 원리로 생각한다. "네가 알아서 능력껏 해라. 강자만이 살아남는다. 고생해 봐야 한다"라고 말이다. 이렇게 고생해서 성공하니 교회 안에 분노와 상처가 남아 성장해도 나눌 줄 모르고 오직 자신의 크기만 키우려 한다. 우리가 돕는다고 고생하지 않는 것은 아니다. 그럼에도 우리가 돕는 것은 소모적인 고생을 줄이고, 창조적인 고생과 고난으로 가게 하려 함이다. 이것이 은혜다. 우리는 은혜를 받을 때 더 그 은혜에 감사해 열심히 하게 된다. 그리고 그 은혜로 인해 나누는 교회를 세울 수 있게 된다. 은혜의 선순환이다. 하나님은 우리의 삶에 후히 주시고 꾸짖지 않으시는 분이다. 하나님의 선행적인 은혜를 경험하면 우리도 그 은혜를 베풀어야 한다. 보아스는 먼저 은혜를 경험한 가정이 아닌가? 그렇기에 은혜를 베푼다.

고엘의 은혜

룻과 나오미를 다시 꿈꾸게 한 마지막 은혜는 바로 구속자의 은혜이다. 룻은 누가 너를 돌보았느냐는 시어머니의 질문에 은혜 베푼 이의 이름을 댄다. "룻이 누구에게서 일했는지를 시어머니에게 알게 하여 이르되 오늘 일하게 한 사람의 이름은 보아스니이다 하는지라"(19절 하).

누군가를 위해 고엘이 되라 | 룻이 시어머니에게 오늘 일하게 한 사람의 이름이 보아스라고 말하자, 나오미는 그가 우리 기업을 무를 자 중의 하나라고 말한다. "나오미가 또 그에게 이르되 그 사람은 우리와 가까우니 우리 기업을 무를 자 중의 하나이니라 하니라"(20절 하).
이제 드디어 가장 중요한 단어, 룻기를 관통하는 가장 중요한 사상이 나온다. 바로 '기업 무를 자'이다. 기업 무를 자는 히브리어로 '고엘'이다. 그 역할은 레위기에 언급되어 있다. "만일 네 형제가 가난하여 그의 기업 중에서 얼마를 팔았으면 그에게 가까운 기업 무를 자가 와서 그의 형제가 판 것을 무를 것이요"(레 25:25).

이스라엘 백성은 그 지파의 형제 중에 누가 가난해서 유업으로 받은 땅을 팔았으면, 그 친족 중에 기업 무를 자가 와서 그 판 것을 물러야 했다. 즉 돈을 대신 지불하고 그 땅을 사서 원래 소유주에게 되돌려 주어야 했다.

이스라엘 백성이 분배받은 가나안 땅은 하나님 나라를 상징한다. 오늘 우리로 한다면 천국과 같다고 할 수 있다. 이를 팔거나 거기서 이름이 지워진다는 것은 그 나라에서 제외된다는 것을 의미한다. 따라서 그 땅은 결코 사거나 팔아서는 안 된다. 그래서 나봇이 자신의 포도원을 팔지 않았던 것이다(왕상 21:1~25). 하지만 피치 못 할 사정 혹은 가난으로 인해 땅을 팔았다면 형편이 되는 친족이 그 기업을 되찾아 물러주어야 했다. 혹여 형제가 후사가 없이 죽으면 다른 형제나 친족이 그 남겨진 아내와 결혼하여 아들을 낳아 그 죽은 자의 이름으로 기업을 이어가게 해야 했다. 그 역할을 하는 자가 바로 고엘이었다. 이스라엘 백성은 그렇게 자신들에게 유업으로 주어진 땅을 그들의 이름으로 이어가야 했다. 사실 이것은 모든 이스라엘 성인 남성에게 주어진 의무였다. 그들은 결코 형제나 친족의 어려움을 외면하지 말아야 했다.

그런데 지금 고엘의 은혜가 필요한 사람이 누구인가? 바로 나오미와 룻이다. 하지만 누군가 그들의 고엘이 된다는 것은 재정적으로나 여러 가지 면에서 엄청난 희생이 따르는 일이었다. 그 형제의 가문을 이어주기 위해서 엄청난 대가를 지불하고 그들의 고통을 떠안아야 했다. 물론 이는 법적인 강제사항이 아니다. 룻기를 더 읽어보면, 더 가까운 기업 무를 친족이 있지만 그는 자신에게 손해가 날 것을 생각하여 그 책임을 회피한다. 이것이 나오미가 고엘을 먼저 고려하지 않은 이유이다. 그런데 지금 보아스의 배려 속에서 나오미는 그 희망을 떠올렸다. 그것은 바로 보아스가 우리의 기업을 무르는 자, 고엘, 구속자가 될지도 모르겠다는 희망이다. 지금 룻이 열심히 이삭을 줍는다고 해서 운명이 역전되는 것이 아니다. 그들에게 필요한 것은 고엘이고, 이 룻기의 결론은 바로 그의 기대대로 보아스가 그들의 기업 무를 자, 고엘이 되었다는 것이다. 고엘로 인해 이 가정의 운명은 역전될 수 있었다.

고엘은 장차 우리의 구속자가 되실 그리스도를 예표한다. 우리를 형제라 부르시는 우리의 맏형 되신 예수님은 동생들인 우리 모두의 값을 대신 지불하시고, 우리가 죄로 말미암아 다 탕진해버린 우리의 기업, 하늘 유업을 찾게 해 주신다. 우리 운명의 역전도 한 가지 방법뿐이다. 우리가 열심히 일해시기 아니라 고엘이신 예수님으로 인해서만 가능하다. 따라서 우리가 예수님을 만나는 것, 곧 그분과의 관계를 어떻게 하는가에 우리의 운명이 달려 있다

우리는 어떻게 우리의 고엘을 만날 수 있을까? | 첫째, 세상을 사랑하지 말고 거룩해야 한다. "모압 여인 룻이 이르되 그가 내게 또 이르기를 내 추수를 다 마치기까지 너는 내 소년들에게 가까이 있으라 하더이다 하니 나오미가 며느리 룻에게 이르되 내 딸아 너는 그의 소녀들과 함께 나가고"(21~22절 상). 보아스는 소년들과 함께 있

으라고 하였는데 나오미는 소녀들과 함께 나가라고 한다. 나오미가 그렇게 말한 것은 룻의 운명의 역전이 다른 소년이 아닌 오직 보아스에게 달려 있음을 상기시킨 것이다. 다른 소년과 사랑에 빠지지 않도록 조심하라는 말이다. 우리도 세상을 사랑하면 안 된다. "너희는 스스로 조심하라 그렇지 않으면 방탕함과 술취함과 생활의 염려로 마음이 둔하여지고 뜻밖에 그 날이 덫과 같이 너희에게 임하리라"(눅 21:34).

지금 세상은 노아의 때처럼 사고, 팔고, 심고, 집 짓고, 시집가고, 장가가면서 심판의 때를 예비하지 못하고 있다. 우리가 이 세상을 사랑해서 취해 버리면 결국 그날에 우리의 고엘이신 주님을 만나지 못한다. 우리는 늘 주님을 사랑해야 한다. 그것이 거룩이다.

둘째, 은혜의 공동체 안에 머물러야 한다. "다른 밭에서 사람을 만나지 아니하는 것이 좋으니라 하는지라"(22절 하). 보아스의 밭은 그의 은혜가 미치는 곳이다. 오늘날 우리의 고엘이신 그리스도의 주권이 임재하고 충만히 머무는 장소는 어디인가? 바로 교회이다. 우리는 오직 그리스도의 몸 된 교회에서 그분의 은혜를 경험한다. 우리가 교회 말고 어디서 이 은혜를 경험할까? 우리는 함께 모여 드리는 예배, 새벽기도 등 말씀이 선포되고 주님의 은혜가 단비처럼 부어지는 곳에 머물러야 한다. 그래야 주님을 알아가고 주님과 동행하며 그분의 역사를 경험할 수 있다.

셋째, 소망 가운데 인내해야 한다. "이에 룻이 보아스의 소녀들에게 가까이 있어서 보리 추수와 밀 추수를 마치기까지 이삭을 주우며 그의 시어머니와 함께 거주하니라"(23절). 룻은 보아스가 고엘이 되어주길 기대하고 있지만 보리와 밀 추수를 마치기까지 6~7주 정도를 기다려야 한다. 그 추수가 끝날 무렵에서야 가능해진다. 기다려야 한다. 우리가 이 땅에서 하나님의 때를 기다려야 하는 것과 같다.

가나안 땅은 궁극적으로 하나님 나라의 유업을 가리킨다. 우리가 바라볼 도성은 하늘에 있는 성이다. 하나님은 그리스도 안에서 이미 하늘 유업을 약속으로 주셨다. 이것은 마치 이스라엘 백성에게 가나안 땅을 약속으로 주신 것과 같다. 우리가 믿지 않고 가나안 땅을 향해 걸어가지 않으면 광야에서 엎어지게 될 것이다. 혹은 들어가서 땅을 배분받았음에도 토굴에서 지내거나, 빼앗겨 버리거나, 심지어 팔아 버린다면 그 약속을 받지 못하게 될 것이다. 우리는 믿음으로 싸워 그 땅을 차지해야 한다.

오늘날 사람들은 어느 지역에 집값이 뜨고 호재가 있는지 조사하고 그곳에 투자한다. 우리도 미래를 바라보아야 한다. 우리는 어디에 투자해야 할까? 눈에 보이는 이 땅이 아니다. 성경은 장차 모든 체질이 풀어지고, 새 하늘과 새 땅이 임하며, 하나님 나라가 이루어질 것이라고 말씀한다. 그 주체는 교회와 성도가 될 것이다. 우리가 미래를 생각하고 그날의 유업을 바라본다면, 여기 교회에서 열심히 주를 섬기며 봉사하고, 희생하고, 주의 몸 된 교회를 세워가는 것이 오늘 우리가 주의 나라를 세워가는 것이라 할 수 있다. 이것이 믿음이다. 누군가는 여기서 파산하고, 누군가는 세상을 사랑해서 믿음을 버리고, 누군가는 에서처럼 팥죽 한 그릇에 장자권을 팔아 버린다. 하지만 누군가는 열심히 주를 섬긴다. 결국 주의 나라가 임할 그때, 우리는 부활할 것이다. 그리고 하나님은 우리 각자에게 유업을 주실 것이다. 이것이 우리가 들어갈 하나님의 나라이다. 그날에 우리는 영광스러운 그 땅을 유업으로 받을 것이다.

고엘은 나오미로 다시 꿈꾸게 하였다. 이처럼 어떤 어려움에 있든지 고엘이신 주님께로 돌아가면 다시 꿈을 꾸게 될 것이다. 그분이 우리를 회복시켜 주시기 때문이다. 다시 주님 안에서 꿈을 꾸게 되기를 기원한다.

■생각 나누기

- 룻이 앉은 식사 자리는 사실 누구를 위한 자리였는가? 그녀가 식탁 공동체에 초대받은 것이 왜 엄청난 환대였다고 말할 수 있는가?
- 룻이 보아스의 환대를 통해 얻은 유익은 무엇인가?
- 우리가 환대의 공동체가 되어야 하는 이유는 무엇인가?
- 룻을 세심하게 돌보는 보아스의 모습을 볼 때 우리가 떠올릴 수 있는 분은 누구인가? 그분은 우리를 어떻게 돌보시는가?
- 우리가 기업 무를 자, 고엘이 된 보아스를 통해 볼 수 있는 예표는 무엇인가?
- 우리가 우리의 고엘을 만날 수 있는 방법은 무엇인가?
- 하나님께서 약속하신 은혜의 유업을 얻기 위해서 가장 필요한 것은 무엇이라고 생각하는가?

Ruth

7장

주님께
나를 맡기라

룻 3:1~9

여성 홀로 경제활동을 할 수 없었던 고대에 과부는
이웃의 구제에 기대어 비참하게 살아야 했다.
며느리 룻의 헤세드를 기억하며 그녀를 위해 안식할 곳을 찾아주고자 했던
시어머니 나오미는 과연 진정한 신랑을 찾아줄 수 있을까?
룻에게 구체적으로 지시하는 나오미에게서 발견할 수 있는
성령의 모습과 그녀의 믿음은 무엇일까?

안식을 얻으라

시어머니 나오미는 룻이 결혼하여 가정을 꾸릴 수 있도록 이끌어 준다. "룻의 시어머니 나오미가 그에게 이르되 내 딸아 내가 너를 위하여 안식할 곳을 구하여 너를 복되게 하여야 하지 않겠느냐"(1절).

나오미는 룻이 안식할 곳을 구하여 그녀를 복되게 하겠다고 한다. 이는 그녀가 남편을 만나서 가정을 이루는 것을 의미한다. "여호와께서 너희에게 허락하사 각기 남편의 집에서 위로를 받게 하시기를 원하노라"(룻 1:9). 여기서 '위로를 받는다'와 본문의 '안식할 곳'이란 단어는 같은 히브리어이다. 결국 남편을 통해 안식을 얻는다는 의미가 된다.

고대에 여성은 경제활동의 주체가 될 수 없었다. 철저히 남편에게 의지해야만 살 수 있었다. 따라서 과부는 이삭을 줍거나 사회의 구제에 기대어 살아야 했다. 보호막이 없는 삶이었다. 그러므로 당시 여인에게 남편은 안식할 곳이요, 행복을 누리며 살아가는 길이었다.

남편을 만나기 전까지 안식이 없다는 이 말씀을 오늘날 여성에게 그대로 적용할 수는 없다. 여성의 지위가 달라지기도 했지만, 그때나 지금이나 여성이 남편을 만난다고 해서 반드시 안식을 얻는 것도 아니기 때문이다. 이는 남성도 마찬가지다. 배우자가 나의 안식과 행복이 될 것이라는 환상은 상대방을 불행하게 만드는 단초가 된다. 상대방이 늘 나를 긍정해 주는 사람이어야 한다는 엄청난 심적 부담을 감당할 배우자는 없다. 우리는 죄인과 결혼한다. 그는 이기적인 인간이며 세상 속에서 고통받는 사람이다. 그래서 스탠리 하우어워스(Stanley Hauerwas)는 '우리는 예외 없이 그릇된 상대와 결혼한다'고 했다. 그런 면에서 본문은 우리로 보아스와 같은 남편을 찾도록 독려하는 것이 아니라 보아스를 통해 우리의 진정한 신랑을 바라보게 한다고 할 수 있다.

예수 그리스도는 우리의 신랑이시다 | 성경은 이스라엘 백성을 아내로, 하나님을 그의 남편으로 소개한다. "다시는 너를 버림 받은 자라 부르지 아니하며 다시는 네 땅을 황무지라 부르지 아니하고 오직 너를 헵시바라 하며 네 땅을 쁄라라 하리니 이는 여호와께서 너를 기뻐하실 것이며 네 땅이 결혼한 것처럼 될 것임이라"(사 62:4).

히브리어 '헵시바'를 직역하면 '나의 기쁨이 그녀에게 있다'라는 말이고, '쁄라'는 '결혼하여 주인이 되다'라는 말이다. 즉 이 두 단어는 결혼하여 남편의 소유가 된 여인을 가리킨다. 하나님은 이스라엘 백성을 자신의 아내 즉 신부라 하시고, 자신을 남편이라고 하신다. 이것은 당시 남편의 지위와 역할이 절대적인 시대 속에서 하나님이 그들의 남편이 되어 주시겠다는 것이다. 이것이 바로 하나님 백성들의 구원이다. 룻이 남편 보아스를 통해서 참된 안식과 행복을 얻게 되듯이 우리 신자의 인생역전, 구원은 하나님의 신부가 됨으로써 이루어진다.

하지만 이스라엘 백성들은 음탕한 고멜처럼 하나님을 버리고 간음을 저질렀다. "내가 그들의 남편이 되었어도 그들이 내 언약을 깨뜨렸음이라"(렘 31:32 중).

이스라엘 백성들은 우상을 숭배하여 하나님 앞에서 쫓겨났다. 하나님은 그들을 회복시켜 하나님의 신부가 되게 하시려고 그의 아들 예수 그리스도를 이 땅에 보내셔서 친히 그들의 구속자이자 남편이 되게 하셨다. 이에 성경은 예수님을 신랑으로, 신자를 신부로 소개한다. "그러므로 사람이 부모를 떠나 그의 아내와 합하여 그 둘이 한 육체가 될지니 이 비밀이 크도다 나는 그리스도와 교회에 대하여 말하노라"(엡 5:31~32).

최종적인 구원은 하나님의 백성들이 거룩한 신부요, 예수님은 신랑이신 혼인 잔치로 서술된다. 다시 말해 예수님을 신랑으로 삼고 그분과 함께 거하는 것이 우리의 진정한 안식이자 행복이라는 의미이다. 이것이 온전히 이루어지는 것이 천국이다. 주님이 우리의 신랑이 되어 우리를 인도하시기에 그곳에는 눈물도, 고통도, 주림도 없다. 우리는 영원히 우리의 신랑이신 주님과 사랑하며 살게 된다.

그런 면에서 지금은 우리와 그리스도의 약혼 기간이다. 우리는 그리스도와 정혼했지만, 아직 결혼식을 준비하며 신랑을 기다리는 신부와 같다. 이 땅에 사는 동안 우리는 그리스도의 신부로 준비된다. "내가 하나님의 열심으로 너희를 위하여 열심을 내노니 내가 너희를 정결한 처녀로 한 남편인 그리스도께 드리려고 중매함이로다"(고후 11:2). 우리는 룻을 보아스에게 중매하는 나오미를 통해 우리가 어떻게 그리스도의 신부로 나아갈 것인가를 생각해 보아야 한다.

믿음의 주체를
따르라

본문에서 우리는 룻이 남편을 만나도록 돕고 지도하는 나오미의 모습을 발견한다. 앞서 모압을 떠날 때 나오미는 룻에게 어머니 집으로 돌아가라고 했었다.

"나오미가 두 며느리에게 이르되 너희는 각기 너희 어머니의 집으로 돌아가라"(룻 1:8).

여기서 왜 아버지 집이 아니라 어머니 집이라고 했을까? 결혼과 관련해서 그들을 돌보는 주체가 어머니이기 때문이다. 만약 그녀가 모압에 있었다면 그녀의 친정어머니가 새로운 남편을 만나도록 하였을 것이다. 하지만 룻이 자신을 좇아 이스라엘까지 왔으니 나오미는 이제 그녀의 어머니가 되어서 남편을 찾도록 도와주고자 한 것이다. 본문은 나오미를 시어머니라고 표현한다. 이는 처음이자 마지막으로 나오는 표현으로, 나오미가 룻의 어머니로서 그녀의 결혼을 이끌어 주고 있음을 뜻한다.

또한 본문에서 나오미는 룻을 '내 딸아'라고 부른다. 내가 너의 어머니이고 너는 내 딸이라는 뜻이다. 나오미가 룻을 딸처럼 생각한 것이다. 참으로 아름다운 모습이 아닐 수 없다. 여기서 시어머니와 어머니, 며느리와 딸의 차이는 느껴지지 않는다.

미국의 어떤 그리스도인 며느리가 시어머니에 대해서 쓴 아름다운 시가 있다.

"우리들의 어머니
나의 어머니 시어머니
사람들은 당신을 시어머니로 부르라고 하지만
나는 당신을 어머니라고 부르리이다.
나의 사람인 남편의 생명의 시작을 가능케 한 당신
당신은 그이에게 처음 기도와 찬양을 가르치신 어머니
당신은 그이에게 처음으로 미소를 가르치신 어머니
당신은 그이에게 친절과 정직을 가르치신 어머니
그이가 피곤하여 잠들었을 때
그이는 당신의 팔 안에서 안식을 청했으며
그이가 넘어졌을 때
그이는 당신의 손안에서 다시 일어나 걸을 수 있었고
당신은 그이가 자랄 수 있도록 늘 그이 곁에 머물러 계셨으며
당신은 그이가 위를 쳐다보고 살 수 있도록 무릎을 꿇으셨나니
그이가 내 사랑하는 남자가 될 수 있도록 도우신 당신의 사랑에
나는 누구보다 빚진 자이오니
이제 나는 그이와 함께 당신을 영원히 이렇게 부르오리이다.
우리들의 어머니"

성령님을 따라 예비되라 | 나오미가 룻의 어머니가 되어 그녀에게 안식과 행복이 될 신랑을 찾고 중매한다면, 오늘 우리가 진정한 신랑을 찾도록 돕고 신부로 단장시켜 주시는 분은 누구일까? 바로 성령님이시다. 성령님은 신자에게 어머니와 같다. 자녀가 어머니의 보

살핌 속에서 살아가듯이 신자는 성령님의 보살핌 속에서 자라간다. 자녀가 장성하면 어머니가 결혼을 준비시키듯이 성령님은 신자를 신부로 준비시켜 신랑을 맞이하게 하신다. 나오미가 룻을 준비시키는 것을 통해 우리는 성령님이 우리를 어떻게 신부로 준비시키시는가를 볼 수 있다.

첫째, 보아스에게 중매한다. 나오미는 룻의 남편으로 보아스를 추천하였다. "네가 함께 하던 하녀들을 둔 보아스는 우리의 친족이 아니냐"(2절). 나오미는 보아스가 우리의 친족이라고 말한다. 이는 앞에서 언급하였듯이 보아스가 기업 무를 자, 고엘임을 암시한다. 이전에 나오미는 룻에게 보아스의 밭에만 머물고 다른 소년들이 아니라 소녀들과 함께 있으라고 했다. 이렇게 하여 나오미는 합법적으로 룻의 삶에 안식을 가져올 남편으로 보아스를 그녀에게 이끌어주고자 하였다. 모든 짐을 지고 부채를 다 갚아 주면서 룻을 아내로 맞아줄 자격을 가진 사람은 바로 보아스였다.

이처럼 성령님은 우리의 진정한 신랑이 예수 그리스도임을 알려 주신다. 오직 예수 그리스도만이 우리의 합법적인 기업 무를 자, 고엘임을 말씀해 주신다. 그분만이 우리의 빚으로 팔린 유업을 되찾아 주고 생명을 얻게 하신다. 다른 누군가가 아니다. 그래서 성경은 성령님으로 아니하고는 누구도 예수를 주라고 할 자가 없다고 말씀한다. "또 성령으로 아니하고는 누구든지 예수를 주시라 할 수 없느니라"(고전 12:3하). 성령님은 우리로 세상을 사랑하지 않고 오직 우리의 신랑이신 예수님만을 사랑하도록 이끌어주신다.

둘째, 적절한 기회를 포착한다. 나오미는 룻이 보아스에게 프러

포즈할 적절한 타이밍을 포착한다. "보라 그가 오늘 밤에 타작 마당에서 보리를 까불리라"(2절 하).

어느덧 추수의 시간이 끝나가고 추수한 곡식을 타작하는 때가 왔다. 이제 타작이 끝나면 더 이상 이 추수의 들판에서 보아스를 만날 수 없다. 룻이 보아스의 신부가 될 막바지에 이른 것이다. 따라서 나오미는 보아스가 타작하는 오늘 밤이 그에게 청혼할 기회라고 보았다.

우리 신자에게 때를 분별하게 하시는 분은 성령님이시다. 구속사적으로 보면 지금은 추수의 시간이다. 종말의 때가 되면 주님이 오셔서 알곡과 쭉정이를 나누실 것이다. 그날이 타작하는 날이요, 심판의 날이다. 그런데 성령님은 바로 그때가 그리스도인에게는 혼인의 날이라고 하신다. 즉 점점 종말이 가까울수록 우리는 신랑이신 예수님을 만날 준비를 해야 한다. 신부로서 자신을 단장하고, 지혜로운 다섯 처녀처럼 등불이 꺼지지 않도록 기름을 준비해야 한다.

우리는 성령으로 충만하지 않으면 지금 이 시대가 영적으로 어느 때인지 모른다. 코로나가 엔데믹으로 접어드나 보다, 봄이 오나 보다, 그 정도이다. 영적인 계절을 모른다. 추수가 끝나 가고 기회가 지나가도 모른다. 늘 바쁘게 정신없이 노아의 때처럼 사고팔고 시집가고 장가가고 살아갈 뿐이다. 그러다가 덫같이, 도적같이 임하는 그날을 맞게 된다. 오직 성령 안에 거할 때 그날이 다가옴을 기억하며 신랑을 맞을 준비를 할 수 있다.

셋째, 신부를 단장시킨다. "그런즉 너는 목욕하고 기름을 바르고 의복을 입고 타작 마당에 내려가서 그 사람이 먹고 마시기를 다 하기까지는 그에게 보이지 말고"(3절).

　나오미는 룻에게 목욕하고 기름을 바르고 의복을 입으라고 한다. 신부로서 룻을 단장시키는 것이다. 그리고 타작마당에 내려가서 먹고 마시기를 다 하기까지 그에게 보이지 말라고 한다. 무슨 이유일까? 아마도 신부가 신랑과 결혼할 때 면사포를 써서 그 얼굴을 보여주지 않는 것과 같은 이유일 것이다. 다시 말해 신부로서 준비시키는 것이다. 그리고 그를 주시하여 그가 눕는 곳을 알아두었다가 그에게 가서 누우라고 한다. 마치 신부가 신랑과 첫날 밤에 합방을 하듯 나오미는 그렇게 룻을 보아스에게 보낸다.

　성령님은 우리를 신부로 준비시키신다. 즉 우리를 그리스도의 신부로 거룩하게 단장시키신다. 주님의 보혈로 죄를 씻어 주시고, 기름을 부어 그의 신부에 걸맞은 향기를 발하게 하시며, 깨끗하고 아름다운 세마포 옷을 입혀 주신다. 우리의 시선이 늘 신랑이신 그리스도를 찾게 하며, 그분과 깊고 은밀한 사랑의 연합에 이르도록 이끌어 주신다. 이것이 성령님이 우리에게 하시는 일이다.

　주님의 명령에 따라 순종하라 | "룻이 시어머니에게 이르되 어머니의 말씀대로 내가 다 행하리이다 하니라 그가 타작 마당으로 내려가서 시어머니의 명령대로 다 하니라"(5~6절). 룻은 어머니의 말씀대로 하겠다고 하고 그대로 수행하였다. 여기서 룻은 시어머니의 말씀을 명령이라고 말한다. 룻기에는 하나님이 직접 말씀하셨다는 표현이 나오지 않는다. 하나님은 룻기에 직접적으로 등장하지 않으신다. 대신 여기 나오는 아름다운 세 사람, 룻과 나오미와 보아스의

입술을 통해서 하나님이 나타나신다. 어느 때는 룻의 입술을 통해, 어느 때는 보아스의 입술을 통해 말씀하시고, 지금은 나오미의 입술을 빌려 말씀하신다. 그래서 나오미의 입에서 나오는 이 말이 곧 하나님의 말씀인 것처럼 암시되며, 룻은 어머니의 말씀을 하나님의 말씀으로 여기고 순종한 것이다. 마치 천사 가브리엘이 마리아에게 잉태를 예고할 때 마리아가 "주의 여종이오니 말씀대로 내게 이루어지이다"(눅 1:38)라고 고백한 것처럼, 룻은 자신의 몸을 주님의 뜻과 명령에 순종하여 드리고자 한 것이다.

우리는 룻처럼 성령님께 순종해야 한다. 성령님이 우리에게 말씀을 가르치시고 깨닫게 하실 때 순종해야 한다. 우리가 성령으로 충만하다는 것은 어떤 감정이나 체험이 아니다. 그분께 순종하는 것이 곧 성령 충만이다. 우리가 성령님을 거역하면 성령이 근심하신다. 우리가 그리스도가 아닌 다른 사랑을 찾고 우상을 찾으면 근심하신다. 자꾸 근심시키고 성령님의 감동을 소멸하면 결국 성령님의 임재가 사라진다. 믿지 않는 사람처럼 아무 감동도 은혜도 없는 인생이 되고 만다. 성령님의 인도 없이는 신랑이신 그리스도를 만날 수 없다. 성령님을 근심케 하지 말고 그 인도하심과 깨닫게 하시는 말씀을 명령으로 여기고 순종해야 한다.

믿음으로 삶을 던지라

룻을 향한 나오미의 지시는 무모해 보이기도 한다. 보아스가 어떤 생각을 하고 있는지, 어떤 마음인지도 알지 못하면서 룻을 신부 단장을 시켜 보아스가 누운 곳을 합방 장소로 정해 그녀를 보냈으니 말이다. 만약에 이를 우리가 본받아야 할 믿음으로 생각하고 누군가에게 일방적으로 행한다면 큰 문제가 될 것이다. 성경은 이렇게 무모한 행동, 편집증적인 생각을 믿음이라고 장려하지 않는다. 하지만 이들의 행동에는 믿음의 요소가 숨겨져 있다. 그녀는 믿음으로 삶을 던진 것이다. 그렇다면 그녀는 어떤 믿음을 가지고 있었을까?

룻이 가진 믿음 | 말씀의 약속을 믿는 믿음이다. 나오미와 룻은 말씀의 약속을 의지하여 행동하였다. 이들이 이렇게 행동하는 가장 중요한 근거와 이유는 보아스가 기업 무를 자라는 데 있다. 이미 앞에서 나오미는 보아스가 친족으로서 기업 무를 자라고 했고, 후에 룻도 보아스에게 당신이 기업 무를 자라고 말한다. 즉 보아스는 친족으로서 자신들을 구속할 고엘의 자격과 의무가 있다는 성경의 약속을 붙잡은 것이다.

우리는 여기서 유다의 며느리, 다말이 떠오를 수 있다. 창세기 38장을 보면, 유다의 아들들이 자식을 얻지 못하고 죽게 된다. 그러자 유다는 며느리 다말에게 후일 셀라가 장성하면 그를 주어서 자식을 얻게 하겠다고 약속한다. 하지만 셀라가 장성한 후에도 그를 주지 않자 다말은 창녀로 분장하여 증표를 받고 시아버지인 유다를 꾀어 동침하고 임신을 한다. 며느리가 임신한 사실이 알려지자 유다는 그녀를 화형시키려 했지만 다말이 유다에게서 받은 증표를 보인다.

그때 유다가 말한다. "그는 나보다 옳도다"(창 38:26). 다말의 행동은 율법에 기록된 약속을 의지하여 죽은 남편의 씨를 얻기 위한 것이었기에 옳다는 말이다. 결국 다말에게서 나온 베레스를 통해 다윗이 나오고 메시아가 나온다. 이것은 분명히 윤리적으로 패륜인데 성경은 옳다고 인정한다. 다말이 믿음으로 약속을 붙잡고 한 행위이기 때문이다. 그런 면에서 오늘 룻이 한 행동도 언뜻 보면 굉장히 무모하고 정결하지 못한 행동같이 보인다. 하지만 룻은 그가 기업 무를 자라는 약속을 붙잡고 나아간 것이다.

이를 본 보아스는 어떻게 반응하였는가? "네가 베푼 인애가 처음보다 나중이 더하도다"(룻 3:10 하). 보아스는 룻의 행동이 오히려 가문에 헤세드를 베푸는 일이라고 칭찬한다. 그러면서 그녀를 현숙한 여인이라고 말한다. "네가 현숙한 여자인 줄을 나의 성읍 백성이 다 아느니라"(룻 3:11 하).

이것이 성경의 관점이다. 우리는 신랑이신 그리스도께 그가 성경이 약속한 우리의 고엘이시요 구속자시라는 믿음으로 나아간다. 아무런 약속도 없이 그분께 나아가는 것이 아니다. 그리스도는 성경이 예언한 바로 그분이요, 성경의 주제가 되시는 분이다. 그분만이 우리의 신랑이 되셔서 우리의 삶을 회복시켜 주실 것이다. 성경의 약속, 그 믿음이 우리를 부끄럽게 하지 않을 것이다.

룻과 나오미는 보아스를 신뢰함으로 나아갔다. 왜 나오미는 더 가까운 친족이 있는데도 보아스에게 룻을 보내고자 했을까? 사실이 율법의 규정, 고엘의 규정이 반드시 행해야 하는 의무는 아니다.

하면 좋지만 안 해도 그만이다. 마치 교회 내 신자들이 하나님의 말씀을 대하는 태도와 같다. 분명히 이 말씀은 하나님의 백성들이 세상의 법률보다 우선해서 지키고 순종해야 할 말씀이지만 이 말씀대로 하지 않는다고 해서 무슨 제약을 받지는 않는다. 말씀을 들어도 순종하지 않으면 그만이다. 더욱이 자기 소견에 옳은 대로 행하던 사사 시대에는 율법의 규정이 있다고 하더라고 자신이 싫다고 하면 어쩔 수 없는 것이다. 아무리 율법에 가난한 사람을 향한 고엘의 의무 규정이 있다고 해도 손해 보기 싫어서 하지 않겠다고 하면 그 규정은 없는 것이나 마찬가지다.

하지만 보아스는 어떤가? 그는 하나님의 약속의 말씀을 마치 자신이 이루어야 할 것처럼 생각하는 사람이다. 보아스는 룻을 보면서 그녀의 헤세드를 칭찬하고 그녀가 하나님께 삯을 받아야 한다며 축복해 주었다. 그리고 자신이 마치 하나님의 대행자인 것처럼 룻을 선대하고 그녀를 식사에 초대하며 돌보아주었다. 하나님이 룻에게 빚진 것을 자신이 갚아야 한다고 생각한 것이다. 그래서 보아스는 자신이 가장 가까운 친족이 아님에도 하나님의 말씀대로 자신이 책임을 지기로 한다. 결국 그의 희생을 통해 이 약속의 말씀이 이루어지게 된다. 보아스가 없었다면 이들에게 이 말씀은 없는 것과 마찬가지였을 것이다.

오늘날 우리에게 율법의 말씀을 이루어 주시는 분은 누구인가? 누가 율법에 나타난 사랑과 공의를 성취해 줄까? 누가 율법에 나타난 희년을 성취하며, 파산한 자의 고엘이 되어 줄 수 있을까? 바로 예수님이다.

예수님은 십자가에서 자신의 목숨을 내어주심으로 모든 죗값을 치르시고 우리를 사셨다. 우리의 고엘이 되어 주신 것이다. 우리가 그리스도를 신뢰할 수 있는 이유가 여기에 있다. 주님만이 손에 못 자국과 허리에 창 자국을 가지셨다. 광명의 천사라도, 모든 것을 내어줄 것처럼 감언이설을 하는 자라도, 엄청난 능력을 행하는 자라도 실상 그들은 우리 영혼을 약탈하려고 오는 속이는 자요, 이리 떼와 같은 자다. 오직 우리를 위해 자신을 버리신 예수님만이 우리에게 성경의 약속을 이루어 주실 분이요, 우리의 고엘이자 신랑이 되신다. 우리는 그 십자가의 사랑을 의지하여 주님 앞에 나아가는 것이다.

룻은 보아스의 시선을 의지하는 믿음을 가졌다. 룻이 보아스를 추수의 밭에서 처음 만나기 전부터 보아스는 룻에 대해 들어서 이미 알고 있었다. 그녀에 대해서 좋은 마음을 품고 있었고, 그래서 이유 없이 룻에게 은혜를 베푼 것이다. 사람들은 그녀를 모압 여인이라고 부정하게 여기지만 보아스는 룻의 헤세드를 칭찬하며 하나님께 상 받을 여인이라고 여긴다. 그래서 그녀를 식사에 초대하며 존중하고, 현숙한 여인이라고 칭찬한다.

구약 시대에 현숙한 여인이란 칭찬보다 더 가치 있는 표현이 없다. 잠언은 "누가 현숙한 여인을 찾아 얻겠느냐 그의 값은 진주보다 더 하니라"(잠 31:10)라고 말씀한다. 보아스의 눈엔 룻이 진주보다 가치 있는 여인이었다. 나오미는 보아스 안에 그런 마음이 있음을 알았고, 이를 의지하여 나아갔다.

우리 역시 주님께 룻과 같은 존재이다. 우리가 주님을 알기 전에 주님이 먼저 우리를 사랑하셨다. 하나님이 우리를 사랑하셔서 선택한 것은 아주 오래전, 우리가 태어나기도 전이다. 예수님이 나를 귀하게 여겨 당신의 목숨까지 내어 주기로 작정하신 것도 우리가 태어나기 전, 만물이 만들어지기도 전이다. "네가 내 눈에 보배롭고 존귀하며 내가 너를 사랑하였은즉 내가 네 대신 사람들을 내어 주며 백성들이 네 생명을 대신하리니"(사 43:4).

우리가 구원받은 것은 우리의 행위 때문이 아니다. 하나님이 우리를 사랑하셨기 때문이다. 우리의 가치는 우리의 행위에 달려 있지 않다. 그분의 사랑에 달려 있다. 옆집 아이가 아무리 공부를 잘하고 잘생겼어도 부모의 눈에는 우리 아이가 더 보배롭고 귀하고 사랑스러운 것처럼, 하나님은 그렇게 우리를 사랑하신다.

우리는 우리의 행위가 아니라 우리를 바라보시는 주님의 시선에 의지하여 주님께 나아간다. 주님을 부인한 베드로를 찾아가셔서 조반을 먹으라고 하신 주님, 네가 나를 사랑하느냐고 물으신 주님의 변함없는 사랑에 의지하는 것이다.

룻은 무모함이 아닌 믿음의 결단으로 나아갔다. 시어머니의 명령을 따라 그대로 행하였다. "그의 발치 이불을 들고 거기 누우라 그가 네 할 일을 네게 알게 하리라 하니"(4절 하).

나오미는 가서 누우면 보아스가 룻에게 할 일을 알려줄 것이라고 말한다. 보아스가 어떻게 반응할지 모르기에 룻은 믿음에 맡겨 자신을 던져야 했다. 그러자 드디어 보아스가 응답한다. "그리고 이제 내 딸아 두려워하지 말라 내가 네 말대로 네게 다 행하리라"(룻 3:11). 여기서 룻의 인생역전이 시작된다.

믿음으로 삶을 던질 때 운명이 역전된다 | 룻의 운명이 바뀐 것은 보아스와 좋은 관계를 유지하여 계속 이삭을 주웠기 때문이 아니다. 도움을 받았기 때문도 아니다. 어쩌면 룻은 그나마 좋은 관계가 이 일로 인해 더 멀어지면 어쩌나, 나를 천박한 여인이라고 생각하면 어쩌나, 이렇게 걱정하고 있었을 것이다.

모압 족속의 시초는 롯의 딸들이 자신의 아버지에게 술을 먹이고 몰래 동침함으로써 낳은 아들로 인한 것이었다. 그러므로 그녀의 행동이 천박한 집안 내력에 따른 것이라고 오해받을 수도 있었다. 하지만 룻은 믿음으로 나아갔다. 보아스에게 자신의 전 존재를 던져 그의 아내가 되고자 하였다. 이것이 그녀의 운명을 바꾸었다.

우리는 주님과 우호적인 관계에 만족해서는 안 된다. 그분에게 우리의 삶을 던져야 한다. 그분과 사랑에 빠져야 한다. 우리의 신랑이신 예수님은 진정한 유력자요, 힘이 있는 분이시다. 그분이 신랑이 되면, 그분은 당신의 사랑하는 신부를 책임지실 것이다. 따라서 신부는 오직 자신을 아름답고 거룩하게 단장하여 신랑과 사랑을 나눠야 한다. 신랑이 사랑하는 신부로 존재하게 될 때 나머지는 신랑이 책임질 것이다.

복음은 우리가 무엇인가를 열심히 해서 스스로 먹고 살길을 찾는 것이 아니다. 복음은 그리스도께서 낮고 천한 우리의 신랑이 되셨다는 소식이다. 신데렐라 이야기같이 왕자 같은 주님이 찾아오신 것이다. 그러므로 우리가 할 일은 그분을 만나는 것이요, 그분과 사랑을 나누는 것이다. 거기에 모든 것이 달려 있다. 이것이 신자에게 가장 중요한 일이요, 전부이다.

오늘 자신에게 물어보라. 나는 그리스도의 신부로 단장하고 있는가? 나는 오늘 그분을 사랑하는 존재로 서 있는가? 그분과 사랑을 나누고 있는가?

신부의 영성을 가지라

우리는 신부의 영성을 가져야 한다. 우리가 갖춰야 할 신부의 영성은 무엇일까?

거룩으로 단장하라 | 룻이 목욕하고 기름을 바르고 의복을 갈아입은 것처럼 우리는 정결한 신부로서 우리를 단장해야 한다. "내가 하나님의 열심으로 너희를 위하여 열심을 내노니 내가 너희를 정결한 처녀로 한 남편인 그리스도께 드리려고 중매함이로다 그러나 나는 뱀이 그 간계로 하와를 미혹한 것 같이 너희 마음이 그리스도를 향하는 진실함과 깨끗함에서 떠나 부패할까 두려워하노라"(고후 11:2~3).

우리 마음이 그리스도를 향하는 진실함과 깨끗함에서 부패하면 안 된다. 무엇이 우리를 부패시키는가? 하와를 미혹한 것처럼 육신의 정욕과 안목의 정욕, 이생의 자랑이다(요일 2:16). 우리는 이것들을 멀리해야 한다.

보아스는 룻을 향해 말한다. "그가 이르되 내 딸아 여호와께서 네게 복 주시기를 원하노라 네가 가난하건 부하건 젊은 자를 따르지 아니하였으니"(룻 3:10). 이 말은 룻이 육체적인 정욕을 따르지 않았음을 의미한다. 룻은 약속의 말씀을 따랐다.

우리가 세상을 사랑하면 그리스도를 사랑할 수 없다. 우리를 더럽히는 것이 무엇인가? 탐욕과 정욕, 음란, 부정, 미움, 시기, 다툼 등 온갖 죄악들이요, 세상을 사랑하는 것이다. 우리가 이런 것들을 가지고 있으면 결코 주님을 사랑할 수 없다. 우리가 매일 모든 더러운 것에서 정결해야 하는 이유는 그리스도의 신부로 살며 그분과 사랑을 나누기 위해서이다.

은밀한 시간을 가지라 | 룻이 보아스에게 다가간 시간은 밤중이다. 장소는 보아스가 홀로 누운 타작마당이다. 팔레스타인의 낮은 아주 더운데다, 보리를 까부르려면 바람이 불어서 쭉정이를 날려야 하는데 해 질 무렵부터 지중해에서 해풍이 불어오기 때문에 밤에 타작을 한다. 그래서 타작이 끝나면 밤늦게 타작마당에 눕게 되는 것이다.

모두가 잠든 밤, 한적한 타작마당. 누구의 눈에도 띄지 않는 시간과 장소이다. 거기서 사랑이 오간다. 룻의 마음이 표현되고 보아스의 사랑이 확인된다.

신랑과 신부 관계의 핵심은 은밀함에 있다. 우리가 신랑이신 예수님을 맞이하려면 은밀해야 한다. 아무도 보지 않는 둘만의 시간 속에서 사랑의 교제를 나누어야 한다. 주님을 신랑으로 맞이하고 살아가는 사람은 둘만의 은밀한 시간이 있다. 그 시간에 신랑을 만날 수 있으며, 그 시간에 신랑이 찾아온다.

예수님은 모두가 잠자는 이른 새벽에 일어나 한적한 곳에 나가서 하나님과 교제하셨다(막 1:35). 이처럼 우리는 모두가 잠든 깊은 밤에, 혹은 아무도 찾지 않는 시간에 은밀한 장소에서 주님을 만나야 한다. 그때 우리는 신랑이신 주님과 깊은 교제를 나누게 된다. 그곳에서 그분의 사랑의 음성을 듣고 안식과 행복을 누리게 된다.

사랑의 로맨스에 빠지라 | 신랑과 신부 관계의 핵심은 로맨스다. 룻이 보아스가 덮은 이불을 들고 거기 눕는 것은 사랑의 로맨스를 연상하게 한다. 우리 하나님께서 당신의 백성들을 신부로 삼으시는 이유가 여기에 있다. 바로 이 사랑의 로맨스를 원하시는 것이다. 하나님은 우리를 열렬히 사랑하신다. 따라서 우리가 정결한 신부로서 하나님을 사랑할 때 하나님은 가장 기뻐하신다.

주님은 우리와 깊은 사랑을 나누고자 우리를 구원하신다. 우리는 천국에서 영원히 하나님을 사랑하며 함께 거하고 즐거워하며 기뻐할 것이다. 그것이 사랑이다. 믿음, 소망, 사랑, 이 세 가지는 항상 있을 것인데 그중에 제일은 사랑이라고 하였다(고전 13:13).

그리스도를 사랑하는 것, 이것이 신부의 가장 중요한 영성이다. 우리가 날마다 할 일은 그리스도를 사랑하고, 그분의 아름다움을 흠모하며, 그 사랑 안에서 만족하고 행복해하는 것이다. 그리고 그 사랑에 만족하여 거기서부터 흘러넘치는 사랑으로 우리의 배우자와 자녀와 이웃을 사랑하는 것이다.

신랑을 닮아가라 | 부부는 서로 사랑하고 함께 살면서 닮는다. 우리가 그리스도와 사랑을 나누며 그분과 교제하면 그분을 닮아간다. 여기 보면 룻과 보아스가 닮았다. 신분은 다르지만 둘 다 헤세드의 사람이다. 얼마나 아름다운가! 보아스는 가치를 소중히 여기며 룻을 현숙한 여인으로 대한다. 여기서 룻이 현숙하다는 것은 보아스가 유력하다는 말과 같은 의미이다. 둘이 서로 닮았다는 뜻이다. 결혼은 이처럼 비슷한 사람끼리 하는 것이다. 닮은 사람끼리 하는 것이 결혼이다. 우리 주님과의 결혼도 마찬가지다. 주님은 정말 형편없는 우리를 신부로 삼으신다. 그러나 날마다 주님과 교제하며 사랑하다 보면 점점 주님을 닮게 된다. 주님과 같은 모습으로 변모되는 것이다. 그래서 결혼식 당일에는 정말 그리스도를 닮은 아름다운 모습으로 변화된다. 그러므로 신부는 이 땅에서 그리스도처럼 살아간다. 보아스처럼 변화된 모습으로 말씀에 순종하여 살며 누군가의 보아스가 되어 살아간다. 이것이 신부의 영성이다.

주님께 맡겨라 | 주님을 사랑하고 룻처럼 우리 몸을 맡길 때 신랑이신 주님은 우리에게 안식을 주신다. 행복을 주시고 돌봐주신다. 왕이 자기 신부의 아름다움을 보면 무엇이라고 하는가? 나라의 절반이라도 주겠다고 하지 않는가? 그렇다. 중요한 것은 신부로서 신랑이신 주님을 사랑하는 것이다. 가장 위험한 일은 이 마음을 세상에 빼앗기는 것이다. 이는 영적인 간음이요, 우상숭배다. 여기서 하나님의 무서운 질투의 불이 징계로 임한다. 우리는 오직 주님 한 분만을 사랑해야 한다. 그것이 전부다.

-어거스틴-

제가 당신을 사랑하게 된 일은 너무 늦었습니다.
가장 오래전부터 계시며
그러면서도 언제나 새로우신 아름다움이시여.
당신을 사랑하게 된 것은 너무 늦었습니다.
보소서, 당신은 이미 내 안에 계셨습니다.
그런데도 저는 밖에 있으면서 거기에서 당신을 찾고
당신이 창조하신 그 아름다움 속에
저는 추악하게도 전락하였습니다.
당신은 저와 함께 계셨는데도
저는 당신과 함께 있지 못했습니다.

(중략)

당신은 저를 소리쳐 불러
저의 귀머거리를 깨쳐 버렸습니다.
당신은 찬란하게 빛을 발하셔서
저의 소경 됨을 떨쳐 버리셨습니다.

저는 당신을 그리워하며 사모합니다.
저는 당신을 맛본 후로 당신을 목마르게 갈망합니다.

주님 곁으로
손에 있는 부귀보다 주를 향한 나의 사랑을.

■생각 나누기

- 나오미가 며느리 룻을 위해 안식할 곳을 찾아주어야 할 이유는 무엇인가?
- 성경은 신자를 신부로 소개한다. 그렇다면 신랑은 누구인가? 에베소서 5:31-32을 보고 답해 보자.
- 나오미가 룻의 어머니가 되어 그녀에게 안식과 행복이 될 신랑을 찾고 중매하였다면, 오늘 우리로 진정한 신랑을 찾고 우리를 그의 신부로 단장시켜 주시는 분은 누구인가?
- 우리로 세상을 사랑하지 않고 오직 신랑이신 예수님만을 사랑하도록 이끄시는 분은 누구인가?
- 룻이 시어머니 나오미의 명령에 순종한 이유는 무엇인가? 룻은 나오미의 말을 무엇으로 생각하고 따랐는가?
- 나오미가 룻을 보아스에게 보내며 가졌던 믿음은 무엇인가?
- 우리가 룻과 같이 신부로서 가져야 할 영성은 무엇인가?

Ruth

8장

완전한 만남은 이런 것이다

룻 3:10~14

추수하는 날 밤,
룻은 시어머니 나오미의 명령을 따라 몸을 정결하게 하고
보아스가 누울 때를 기다렸다.
그녀는 그의 발치 이불을 들고 누워 있다가
당신의 옷자락으로 자신을 덮어 달라고 고백한다.
이제 답을 기다려야 하는 떨리는 시간이다.
보아스는 감동하여 축복과 칭찬으로 응답한다.
여기서 보아스와 룻은 어떤 성숙한 만남을 보여주는가?
나아가 우리가 그리스도의 신부로서 준비해야 할 것은 무엇인가?

완전한 만남을 사모하라

룻은 신부 단장을 하고 가서 보아스가 잠자는 이불을 들고 발치에 누웠다. 룻의 청혼이었다. 이는 보아스의 승낙으로 종결된다. 하지만 본문을 잘못 읽으면 결혼을 하룻밤에 이루어지는 가벼운 사건처럼 단순하게 생각하기 쉽다. 현대는 특별히 남녀의 만남을 육체적 로맨스의 사건으로 피상적으로 다루지만 결혼은 우리 생각보다 훨씬 더 깊고 신중한 만남이다. 본문은 바로 그와 같은 사실을 알려주며 우리의 상상과는 다른 두 가지 중요한 교훈을 제시한다. 첫째는 완전한 만남에 대한 것이요, 둘째는 더 궁극적인 교훈으로 우리의 신랑이신 주님과 신부인 우리의 관계에 대한 것이다. 주님이 우리를 신부로 받으시는 조건과 우리가 그리스도의 신부로서 준비해야 할 사항은 무엇일까?

완전한 만남에는 갖추어야 할 조건이 있다

성숙한 성품인 헤세드를 가지라 | 보아스는 룻의 인애, 헤세드를 칭찬한다. "그가 이르되 내 딸아 여호와께서 네게 복 주시기를 원하노라 네가 가난하건 부하건 젊은 자를 따르지 아니하였으니 네가 베푼 인애가 처음보다 나중이 더하도다"(10절).

보아스는 룻을 축복하며 그가 젊은 자를 따르지 않고 인애를 베풀었다고 말한다. 처음 인애는 룻이 나오미를 따라온 것이고, 나중 인애는 나오미를 위해서 젊은 자를 따르지 않고 지금 보아스에게 청혼한 사건을 말한다. 이 말을 뒤집어 보면, 젊은 자들 중에 룻에게 마음을 표현하는 사람이 있었다는 것이다. 하지만 룻은 나오미의 가정을 위해서 오늘 보아스에게 청혼을 하였고, 보아스는 이를 헤세드라고 칭찬한다.

사실 나오미 가정은 망했다. 이제 유일한 희망은 결혼하여 아들을 낳는 것인데, 룻만이 이 일을 가능하게 할 수 있었다. 가문의 대가 끊어지느냐 아니냐는 그녀에게 달려 있었다. 그런데 룻은 자신의 육적 이익과 욕심을 따르기보다 이 가문을 위한 헤세드를 선택했다. 아마도 대략 룻은 20대, 보아스는 40대, 나오미는 60대 정도로 생각된다. 물론 보아스가 나이가 좀 있다고 해도 분명 그는 매력적인 인격과 능력과 성품의 사람이었음이 분명하다. 룻은 젊은 남자를 택할 수 있었지만 그렇게 하지 않았다. 그것은 보아스의 어떠함보다는 나오미의 가정을 향한 헤세드 때문이었다. 보아스는 바로 룻이 선택한 헤세드를 귀하게 여기고 축복한 것이다.

진정한 성숙의 특징이 무엇일까? 바로 헤세드다. 헤세드는 먼저 자신의 이익을 내려놓고 희생하지 않으면 베풀 수 없기 때문이다. 상대방의 고통에 자신을 던지려면 그 자신이 불편을 감수해야만 한다. 성숙은 바로 이런 불편함과 희생을 얼마나 감수할 줄 아는가에 비례한다.

얼마 전에 오은영 박사가 나와 상담하는 프로그램에서, 나이가 열세 살인데 엄마에게 욕하고 통제가 전혀 되지 않는 아이가 나왔다. 오은영 박사는 이 아이의 정신 연령을 6세라고 진단하였다. 어리다 보니 자신의 불편한 감정을 처리하지 못한다는 것이다. 어린 아이는 힘들 때 울고 짜증을 낸다. 그러다 성장하면 점점 힘든 상황을 참고 견딜 줄 알게 된다. 하지만 이 아이는 정신 연령이 6세다 보니 힘들거나 불편하면 참지 못하고 욕을 한다는 것이다.

이처럼 미성숙함은 불편할 때, 내가 손해를 보고 힘이 들 때 나타난다. 그때 자신의 감정을 관리하지 못해서 참지 못하고 섬길 줄 모른다면 그 사람은 미성숙한 것이다. 미성숙의 특징은 불편, 손해, 희생, 섬겨야 함을 견디지 못하는 것이다.

그런 면에서 누가 성숙한지 아닌지를 판단하는 가장 결정적인 시금석은 헤세드에서 찾을 수 있다. 성숙함의 특징을 똑똑한 것, 예쁜 것, 씩씩한 것, 명랑한 것, 계산 잘하는 것으로 삼는다면 분명 겉모습에 따라 편파적으로 판단하게 될 것이다. 하지만 헤세드로 그 성숙함을 판단한다면 하나님을 얼마나 섬기는가, 다른 사람을 위해 손해를 감수할 수 있는가가 될 것이다. 이것이 바로 성숙함의 표지가 된다.

결혼은 성숙한 사람끼리 하는 것이다. 결혼은 아이가 아닌 성인의 의식이다. 단지 육체적 성인이 아닌 정신적 성인이 되어야 한다. 여기 룻이나 보아스 같은 청년이 결혼한다면 과연 어떨까? 거의 다툴 일이 없을 것이다. 서로 헤세드를 베풀며 상대방의 고통을 공감하고 자신을 희생하려고 하는데 왜 문제가 생기겠는가? 상대방의 모습을 보며 서로 감동하는데 왜 다투겠는가? 이것이 바로 어른이다. 나이는 서른인데 정신 연령은 아직도 십 대여서 섬길 줄 모르고 희생할 줄 모르고 불편한 감정을 처리하지 못하니 서로 다투게 되는 것이다. 결혼은 성숙한 사람이 해야 한다.

장차 우리 주님의 신부로 나타나기 위해 우리가 갖추어야 할 모습은 무엇일까? 타작마당에서 보아스가 룻의 청혼을 받아들이는 자질을 생각해 보라. 훗날 주님이 우리를 당신의 신부로 허락하실 때 우리에게서 귀하게 보시는 점이 무엇이겠는가? 룻과 보아스는 어떤 부분에서 닮았는가? 바로 헤세드다. 우리 역시 주님의 헤세드를 닮아야 한다. 주님은 우리의 헤세드를 귀한 자질로 보신다. 우리 주님이 당신의 목숨을 내어주신 것처럼 우리도 계산하지 않고 다른 사람의 고통에 우리를 던져 섬기고 봉사할 때, 우리 주님은 그 헤세드의 모습을 보고 우리를 당신의 아름다운 신부로 맞아 주실 것이다.

우리는 주님의 신부로 무엇을 준비해야 하는가? 룻과 보아스처럼 그리스도 안에서 함께 헤세드의 사람으로 자라가야 한다. 결혼은 그 헤세드를 연습하는 장소이다. 어떻게 내가 상대방에게 더 많은 인애, 헤세드를 베풀까를 서로 경쟁해야 한다. 거기서 진정한 감동과 매력이 흘러나온다.

책임질 수 있는 능력, 현숙함을 가지라 | 완전한 결혼의 자질은 책임질 수 있는 능력이다. 우리는 보아스가 재력이 있는 사람으로서 가난하지만 착한 룻과 결혼했다고 쉽게 생각한다. 동정심을 뿌리치지 못하고 결혼하는 것이 마치 그리스도의 길을 가는 것처럼, 진실

한 그리스도인 결혼의 표본인 것처럼 생각한다. 결혼은 상대가 불쌍해서, 내가 없으면 못 살 것 같아서 하는 동정이나 구제가 아니다. 물론 결혼은 오늘 보아스가 룻의 고엘이 되는 것처럼, 근본적으로 상대방의 짐을 함께 짊어지는 것이다. 하지만 보아스가 기꺼이 룻의 고엘이 되어 그녀와 결혼하기로 하는 이유는 거기에만 있지 않다.

보아스가 룻에게 무엇이라고 하는가 보라. "그리고 이제 내 딸아 두려워하지 말라 내가 네 말대로 네게 다 행하리라 네가 현숙한 여자인 줄을 나의 성읍 백성이 다 아느니라"(11절). 보아스는 룻을 향해 현숙한 여자라고 말한다. 여기서 현숙한 여자라고 번역된 히브리어는 실제로는 우리가 생각하는 것과 다른 의미를 내포하고 있다.

룻의 현숙함은 히브리어로 '에쉐트 하일'이다. '하일'은 '힘'이란 뜻으로, 유능하다는 의미이다. 따라서 직역하면 '힘 있는 여자' 또는 '유능한 여자'이다. 이것은 보아스를 향해 언급한 말과 같다. 앞에서 보아스를 '유력한 자'라고 했는데, 그 히브리어가 '기쁘르 하일'이다. 즉 '힘 있는 남자'라는 뜻으로, 유능한 남자를 가리킨다.

따라서 보아스가 유력하다는 말은 보아스가 힘이 있어서 능히 룻의 고엘이 될 수 있다는 뜻을 내포한다. 그렇기에 보아스는 자신이 고엘로서 책임지겠다고 말할 수 있었던 것이다. "이 밤에 여기서 머무르라 아침에 그가 기업 무를 자의 책임을 네게 이행하려 하면 좋으니 그가 그 기업 무를 자의 책임을 행할 것이니라 만일 그가 기업 무를 자의 책임을 네게 이행하기를 기뻐하지 아니하면 여호와께서 살아 계심을 두고 맹세하노니 내가 기업 무를 자의 책임을 네게 이행하리라 아침까지 누워 있을지니라 하는지라"(13절). 보아스가 유력한 자라는 것은 이처럼 책임지는 자로서의 의미이다. 즉 유력하다(기뽀르 하일)는 것은 책임질 만한 능력이 있다는 뜻이다.

그런데 본문은 룻을 향해서도 동일한 말을 한다. 성읍 사람들이 룻을 향해 '에쉐트 하일'이라고 한다는 것이다. 본문은 이것을 현숙한 여자라고 번역했지만, 룻기의 용어대로 번역한다면 '유력한 여인'이라고 해야 맞다. 보아스만 유력한 남자가 아니라 룻도 유력한 여자다. 결국 그녀는 보아스의 짝으로 필적할 만한 사람이다.

룻기에서 '에쉐트 하일'을 사용한 용법을 보면, 룻기 저자가 이 단어를 잠언의 현숙한 여자에서 가져왔다는 것을 알 수 있다. 잠언에서 현숙한 여자라고 번역한 단어 역시 '에쉐트 하일'이다. 룻기의 시대적 배경은 사사 시대이지만, 여기 다윗의 이름이 나오는 것을 보건대, 분명 저작 연대는 다윗 시대 이후이다. 그리고 현숙한 여인에 대한 언급이 솔로몬의 잠언에서 인용되었으므로 솔로몬 이후에 쓰였다고 추측해 볼 수 있다.

잠언에 보면 현숙한 여자에 대해 이렇게 설명한다. "그 손의 열매가 그에게로 돌아갈 것이요 그 행한 일로 말미암아 성문에서 칭찬을 받으리라"(잠 31:31).

보아스의 말을 다시 보자. "네가 현숙한 여자인 줄을 나의 성읍 백성이 다 아느니라"(11절 하). 본문은 '나의 성읍 백성'이라고 번역했지만 히브리어 원문을 직역하면 '나의 백성의 모든 문'이 된다. 이를 다시 해석하면 '성읍 문의 모든 백성'이 된다. 당시 성읍 문에는 광장이 있어서 사람들은 여기에 모이고, 재판도 하며, 장이 서기도 했다. 그런데 백성들이 이 성읍 문 중심에서 룻을 칭송하고 있다고 한다. 잠언의 현숙한 여인이 그가 행한 일로 칭송받듯이 룻이 모압에서 와서 시어머니를 위해 얼마나 열심히 일하는지를 본 사람들이 룻을 '에쉐트 하일', 즉 '유력한 여인'이라고 칭송한다는 뜻이다.

잠언에서 현숙한 여인은 어떻게 묘사될까? 현숙한 여인은 우리가 흔히 생각하는 다소곳한 여인과는 거리가 멀다. 아주 유능한 여인이다.

잠언 31장의 몇 구절을 살펴보자. "그런 자의 남편의 마음은 그를 믿나니 산업이 핍절하지 아니하겠으며"(11절), "밤이 새기 전에 일어나서 자기 집안 사람들에게 음식을 나누어 주며 여종들에게 일을 정하여 맡기며"(15절), "힘 있게 허리를 묶으며 자기의 팔을 강하게 하며"(17절), "그는 곤고한 자에게 손을 펴며 궁핍한 자를 위하여 손을 내밀며"(20절), "자기 집 사람들은 다 홍색 옷을 입었으므로 눈이 와도 그는 자기 집 사람들을 위하여 염려하지 아니하며"(21절), "그의 남편은 그 땅의 장로들과 함께 성문에 앉으며 사람들의 인정을 받으며"(23절).

보라. 여기 이 유력한 여인은 그야말로 슈퍼우먼이다. 집안의 경제를 돌아보고, 집안사람들을 관리하며, 새벽부터 밤까지 일하고, 자녀들을 잘 양육하며, 남편이 인정받게 하고, 어려운 사람에게 헤세드를 베푼다. 웬만한 사람으로서는 도무지 할 수 없는 엄청난 일을 하고 있다. 한마디로 이 여인은 집안을 흥왕케 하는 여인이자 공동체를 강성하게 하는 여인이다. 그래서 칭송이 자자하다. 이것이 바로 유능한 여인, '에쉐트 하일'이다.

따라서 보아스가 룻에게 이런 칭찬을 하였다는 사실은 "당신이 정말 내 아내가 된다면 우리 집안을 흥왕시킬 것이다. 당신은 유능한 여인이며 복덩어리 같은 여자다"라고 말하는 것이다. 룻은 유력한 보아스에게 걸맞은 유력한 여자라는 의미다. 보라! 여기 어디에 동정이 끼어 있는가? 보아스는 결코 그녀를 구제하겠다는 동정심으로 결혼을 승낙하지 않았다.

결혼은 서로 책임질 능력을 갖춘 사람이 하는 것이다. 결혼은 여자든 남자든 상대방을 책임질 수 있는 능력, 힘이 있는 사람들이 한다. 상대방에게 책임을 전가하고 "나를 행복하게 해 주세요. 나를 책임지세요"가 아니다. 물론 남녀는 기본적으로 서로의 매력에 끌림이 있어야 한다. 하지만 그것이 다는 아니다. 그 매력이 정말 결혼으로 이어지는 데는 더 깊은 신뢰가 있어야 한다. 그 신뢰는 어디서 오는가? 바로 성실이다. 매력도 중요하고 헤세드도 중요하다. 그런데 거기에 성실이 있어야 한다. 그래야 신뢰하고 결혼할 수 있게 된다.

결혼이란 외모의 매력으로 하는 것도 아니고, 정이 들어서 어쩔 수 없이 하는 것도 아니며, 동정심으로는 더욱 아니다. 서로 감정적으로 뜨겁게 사랑한다고 해도 서로의 삶을 책임질 준비가 되어 있지 않으면 상대방에게 부담만 된다. 더욱이 한쪽의 일방적인 희생만 강요하는 관계라면 결혼할 준비가 안 된 것이다. 결혼은 둘이 평생을 함께 살면서 서로를 책임져야 하는 삶이다. 그래서 반드시 신뢰가 있어야 한다. 그럴 때 결혼은 서로를 빛나게 해준다. 이미 결혼한 부부는 다시 한번 '내가 남편에게 룻과 같이 현숙한 여인인 에쉐트 하일인지 고민해야 한다. 남편은 '내가 아내에게 보아스처럼 능력있는 남자인 기쁘르 하일인지를 돌아봐야 한다.

주님이 연약하고 초라한 우리와 정혼해 주셨다. 우리는 주님의 장성한 분량까지 자라서 주님처럼 되는 것이다. 그래서 주님과 함께 왕좌에 앉아서 다스리고 통치하게 된다. 그분의 나라를 경영하는 것이다. 이것이 그분의 신부로서 우리의 자격이요, 현숙함이다. 이것이 신부의 단장이요, 준비이며 그날에 우리가 받아들여지게 될 것이다.

말씀 안에서 순결하라 | 또 한 가지 중요하게 살펴봐야 할 것은 그 밤에 보아스가 룻과 동침하지 않았다는 점이다. 그는 룻을 좋아하고 진주같이 귀한 여인으로 여기지만 한 가지 문제가 있었다. 바로 더 가까운 친족, 즉 기업 무를 1순위의 사람이 있었다는 것이다. "참으로 나는 기업을 무를 자이나 기업 무를 자로서 나보다 더 가까운 사람이 있으니"(12절).

율법적으로 더 먼저 책임져야 하는, 우선순위에서 앞선 친족이 있다는 것이다. 그래서 보아스는 이렇게 말한다. "이 밤에 여기서 머무르라 아침에 그가 기업 무를 자의 책임을 네게 이행하려 하면 좋으니 그가 그 기업 무를 자의 책임을 행할 것이니라"(13절).

1순위의 친족이 기업을 무른다면 그가 행해야 한다. 그것이 율법이 정한 합법적인 순서였다. 따라서 먼저 그에게 기회를 주고 그가 기업을 무르겠다고 하면 그가 책임을 행하게 해야 했다. 보아스는 만일 그가 책임지지 않겠다고 하면 그때 책임지고자 하였다. "만일 그가 기업 무를 자의 책임을 네게 이행하기를 기뻐하지 아니하면 여호와께서 살아 계심을 두고 맹세하노니 내가 기업 무를 자의 책임을 네게 이행하리라 아침까지 누워 있을지니라 하는지라"(13절 하).

결국 내가 당신을 좋아하지만 먼저 그의 의사를 묻고 그다음 내 차례가 되었을 때 책임 있게 행동하겠다는 의미로 이해할 수 있다.

합법적인 허락을 기다리라 | 첫째, 보아스는 자신이 기업 무를 자이지만, 우선순위가 있는 친족의 의사를 확인하기 전에는 룻과 동침하지 않았다. 그래서 아침까지 누워 있으라고 하였고, 룻은 그의 말대로 발치에 누워만 있었다. "룻이 새벽까지 그의 발치에 누웠다가"(14절 상).

그날 밤 둘은 아무 일도 하지 않았다. 서로 좋아하지만 율법이 정한 합법적인 순서와 시간이 아직 되지 않았기 때문이다. 서로의 마음은 확인했지만 합법적인 허락이 주어질 때까지 기다린 것이다. 바로 이것이 성숙이다. 보아스는 먹고 마시고 술에 취해 누워 있었다. 정말 기분 좋은 밤이다. 그런데 젊은 과부가, 그것도 칭송이 자자한 여인이 아름다운 향기를 품으며 찾아왔다. 서로의 마음도 확인했다.

아무도 보지 않는 밤이었지만 오늘 밤 둘의 동침은 율법의 테두리 안에서 허락되지 않는다는 것을 알았기에 둘은 동침하지 않았다. 이것이 성숙이요, 상대방을 위한 배려이다. 만약 이들이 동침했는데, 다음날 더 가까운 순위의 사람이 자신이 기업을 무르겠다고 한다면 어떻게 되겠는가? 그야말로 스캔들이 된다. 아름다운 헤세드의 이야기가 스캔들로 바뀌고, 룻은 온갖 비난을 받게 될 것이다.

남녀가 결혼하기 전까지는 어떻게 될지 아무도 모른다. 그러므로 성관계는 오직 결혼 안에서만 허락된다. 결혼 후에 얼마든지 부부가 서로 사랑할 수 있다. 그러나 그전까지는 참아야 한다. 그것이 성숙이다. 여기에 완전한 만남이 있다. 결혼한 부부는 더욱 결혼 관계 안에서 성생활을 해야 한다. 그것이 중요하다.

진정한 사랑은 항상 말씀의 테두리 안에서 이루어진다. 하나님 말씀의 테두리 안에서 상대방을 지킬 줄 아는 것이 진정한 사랑이다. 이것이 바로 보아스의 매력이라고 할 수 있다. 그리고 그 밤에 발치에 조용히 누웠다가 일어나는 룻의 모습, 이것이 룻의 아름다운 매력이요, 성숙함이다.

둘째, 아무도 모르게 은밀하게 일어나 떠난다. "사람이 서로 알아보기 어려울 때에 일어났으니 보아스가 말하기를 여인이 타작마당에 들어온 것을 사람이 알지 못하여야 할 것이라 하였음이라"(14절).

밤에 룻이 타작마당에 왔다는 것은 충분한 오해를 살 수 있다. 둘이 아무 일도 없었다고 말해서 되는 일이 아니다. 얼마든지 사람의 상상력은 이상한 이야기를 만들어 내고 없는 것도 기정사실로 할 수 있다. 그러면 그들의 선의가 훼손된다. 그들은 지금 헤세드를 행하고 있다. 그런데 부주의로 그들의 헤세드가 오해받고 하나님의 선한 뜻이 방해받을 수 있다. 특별히 마귀는 이를 좋아한다. 그러므로 조심해야 한다. 나만 정직하면 될까? 그렇지 않다. 연약한 인간들에게 불필요한 오해를 불러일으키지 말아야 한다.

우리가 교회에서 봉사할 때도 늘 조심해야 한다. 바울이 디모데에게 한 말을 기억해야 한다. "젊은 여자에게는 온전히 깨끗함으로 자매에게 하듯 하라"(딤전 5:2). 이 말씀처럼 보아스는 룻을 조심시키고 룻은 그 말 그대로 행하였다.

보아스와 룻의 관계 속에서 우리는 주님의 신부로서 우리가 갖추어야 할 자질을 배운다. 그것은 거룩이요, 일절 깨끗함이다. 우리는 배우자에게 정절을 지킬 때, 먼저 그리스도의 신부로서 정절을 지켜야 한다. 즉 하나님의 말씀이 허락한 범위 내에서 행동해야 한다. 어디를 가든지, 배우자가 보든지 보지 않든지 자신을 정결하게 하고 몸을 거룩하게 해야 한다. 이것이 그리스도의 신부로 살아가는 우리들의 준비이다.

그리스도의 신부로서 자신을 거룩하고 성결하게 하는 부부에게서 아름다운 사랑이 흘러넘친다. 부부의 매력은 상대가 얼마나 육체적으로 어필하는가에 있지 않다. 물론 자신을 가꾸고 단장하는 것을 게을리하면 안 된다. 하지만 배우자의 샘솟는 매력은 그의 정직, 순결, 경건함에 있다. 말씀의 테두리 안에 있을 때 세월이 흘러도 끊어지지 않는 매력이 샘솟는다. 이것이 완전한 만남의 길이다.

완전한 만남은
새 출발의 복을 가져온다

가문의 죄 습성을 끊어내라 | 우리는 이 완전하고 거룩한 만남에서 몇 가지 중요한 교훈을 발견한다. 그것은 이 두 사람 안에서 그들 조상의 수치와 죄성이 구속받는다는 사실이다.

먼저 룻은 그의 조상인 롯과 대조됨을 볼 수 있다. 롯은 자신의 이기적인 욕심을 앞세워 언약을 가진 아브라함을 떠난다. 양 떼가 많아져서 다투고, 결국 그가 좌하면 우하리라는 말에 자기 눈에 좋아 보이는 소돔을 향해서 떠나간다. 그 결과 그는 소돔에서 불로 심판받는 중에 겨우 구원받게 된다(창 13, 19장).

룻은 어떤가? 모압 여인 룻은 아브라함처럼 본토와 친척과 아버지 집을 떠나 나오미를 붙좇는다. 그리고 욕심과 정욕이 아닌 헤세드를 좇는다. 그리하여 보아스를 만나고 그를 통해서 온전히 이스라엘에 접붙여진다. 결국 룻과 보아스의 결합 속에서 룻의 조상 롯과 보아스의 조상 아브라함이 결합한다. 이것은 아주 중요한 모형이다. 이들 안에서 모압이 구원받을 것을 예시하기 때문이다. 그리스도 안에서의 온전한 만남은 이렇게 양 가족을 구속하고, 가문에 흐르는 이기심과 불신앙을 끊어낸다.

조상들의 수치를 구속하라 | 이러한 대조는 또 나타난다. 룻의 조상인 롯과 그의 두 딸은 어떠했는가? 두 딸은 세상이 망하고 자신들만 남았다고 생각하여 아버지에게 술을 먹이고 그를 통해 자손을 낳았다. 그리하여 수치스런 민족이란 오명을 갖게 되고 모압은 음란한 족속의 대명사가 된다(창 19장). "이스라엘이 싯딤에 머물러 있더니 그 백성이 모압 여자들과 음행하기를 시작하니라"(민 25:1).

이 일로 인해서 이스라엘에 염병이 돌고 2만 4천 명이 죽는다. 결국 모압은 여호와의 총회에 들어오지 못한다. 이것은 보아스의 조상 유다도 마찬가지다. 비록 다말의 행동이 옳다고 하지만 유다의 입장에서는 수치스러운 일이었다.

그런데 이런 수치스런 가문의 핏줄을 가진 두 남녀가 동일한 상황을 만났다. 보아스가 술에 취해 기분 좋게 잠들었다. 이때 아름다운 룻이 찾아왔다. 서로 마음도 확인했다. 하지만 보아스는 룻과 동침하지 않았고 룻도 보아스를 유혹하지 않았다. 이 둘의 거룩한 만남과 결혼 안에서 그 가문의 수치가 구속된다. 그들 안에 흐르는 조상들의 더러운 습성, 수치, 죄성이 반복되지 않고 끊어진다. 이것이 거룩한 만남, 성숙한 만남의 복이다. 그리스도 안에서 성숙한 만남과 결혼이 그래서 중요하다. 더 이상 가문의 내력과 수치가 이어지지 않는다.

믿음의 가문을 일으키라 | 우리는 룻에게서 아브라함의 모습을 발견한다. 과거 아브라함이 아버지 데라와 우상을 섬기던 곳에서 본토와 친척과 아버지 집을 떠나 새로운 민족을 향해 나아갔듯이 룻도 그러했다. 그래서 보아스를 만나 새로운 민족, 새로운 가족, 새로운 가문을 이루었다. 그 속에서 그의 조상들이 구속되고, 수치를 씻으며, 새로운 믿음의 명문가가 탄생했다.

이것이 신자의 삶이다. 신자의 결혼은 과거의 모든 우상숭배와 죄와 수치의 가문을 단절하고 그리스도 안에서 새로운 가문, 믿음의 가문을 일으키는 것이다. 그 가정 안에서 새로운 민족이 탄생하게 된다.

이것이 어떻게 가능한가? 육체적이고 세속적인 결혼으로 되겠는가? 두 사람이 예수님을 신랑으로 섬기며, 주님 안에서 경건하고 거룩하고 성숙한 부부로 살아갈 때 가능해진다.

하나님은 예수님을 믿기 시작한 내게 아브라함의 꿈을 주셨다. 그래서 결혼하여 아버지 집을 떠날 때 아내와 더불어 새로운 믿음의 가정과 가문을 꿈꾸었다. 아이들의 태몽 수첩에는 창세기 12장 1~3절을 적었다.

하지만 여전히 순간순간 내 안에 흐르는 이기심, 상처, 습관, 죄성 등이 나타난다. 그러나 그때마다 신랑 되신 그리스도 안에서 그분과 깊은 교제를 나누는 가운데 쉼 없이 나의 정욕과 탐심을 못박는다. 그리고 그리스도와 깊은 사랑의 연합으로 나아갈 때 더 이상 과거의 습성이나 죄성이 우리 가정에 틈타지 못하는 것을 본다. 그러면서 점점 옛 그림자는 사라진다. 내 안에서, 내 아내 안에서 우리 가문에 흐르는 어두운 그림자가 점점 사라지고 우리 가정은 완전히 그리스도 안에서 새로운 가문으로 빚어져 가는 것을 본다. 그렇게 우리는 그리스도에게 접붙여지고, 우리 가정을 통해 우리 부모님과 우리 선조가 구속되는 것이다.

성숙한 믿음의 결혼은 구속의 과정이다. 우리는 성숙한 부부가 되어야 한다. 그리고 성숙한 만남을 위해서 기도해야 한다. 그리하여 보아스와 룻의 가정처럼 위대한 믿음의 명문가를 이루기를 소망한다.

■생각 나누기

- 완전한 만남이 갖추어야 할 조건은 무엇인가?
- 보아스가 룻이 헤세드를 선택했다고 생각하는 근거는 무엇인가?
- 정한 성숙의 특징은 무엇인가? 그 이유는 무엇이라고 생각하는가?
- 룻의 현숙함과 보아스의 유력함은 동일하게 여겨질 수 있다. 그 이유는 무엇인가?
- 우리가 하나님 말씀의 테두리 안에서 사랑해야 할 이유는 무엇인가?
- 우리가 그리스도 안에서 새 출발을 하기 위해 해야 할 일은 무엇인가?

9장

사랑은 쉬지 않는다

룻 3:15~18

보아스는 룻을 새벽까지
그의 발치에 있다가 조용히 돌아가게 하였다.
특별히 그녀가 돌아갈 때 그녀의 겉옷에 보리를 여섯 번 되어 주었다.
이를 본 시어머니 나오미는 보아스가
이제 이 일을 성취하기까지 쉬지 않을 것이라고 하며
룻을 안심시키고 기다리라고 한다.
나오미는 무엇을 보고 이 일을 예측할 수 있었을까?
보아스를 보면서 우리가 깨달을 수 있는 하나님의 열심은 무엇일까?

성취하기까지 나아가라

보아스는 일을 성취하기 전에는 쉬지 않았다. "그 사람이 오늘 이 일을 성취하기 전에는 쉬지 아니하리라 하니라"(18절 하).
보아스가 성취하고자 하는 일은 무엇인가? 나오미의 기업을 무르고, 룻을 아내로 맞아 말론의 이름으로 기업을 이어주는 일이다. 이 일을 성취하고자 하면 분명 자신의 기업에 손해가 나게 된다. 그래서 더 가까운 친족은 손해를 볼까 봐 자신은 하지 않겠다고 거절하였다. 그럼에도 나오미는 보아스가 그 일을 성취하려고 쉬지 않을 것이라고 하였다. 여기서 쉬지 않는다는 말은 열심을 뜻한다. 우리는 보통 자신에게 이익이 될 만한 일에 열심을 내지, 이익이 되지 않을 일에는 열심을 내지 않는다. 그런데도 나오미는 보아스가 자신에게 손해날 일을 이루기 위해 쉬지 않을 것이라고 말한다. 이는 확신 가운데 나온 말이다. 이 말씀에 우리는 주목해야 한다. 나오미는 어떻게 보아스가 손해가 날 일을 성취하기 위해 쉬지 않을 것이라고 확신할 수 있었을까?

확신을 심어 주라

보아스가 쉬지 않는 이유는 무엇일까? 나오미가 이것을 확신하게 된 것은 보아스의 보리 여섯 되이다. 룻이 타작마당에서 새벽녘에 몰래 나올 때 보아스가 룻의 겉옷을 펴게 하고 보리를 주었다. "보아스가 이르되 네 겉옷을 가져다가 그것을 펴서 잡으라 하매 그 것을 펴서 잡으니 보리를 여섯 번 되어 룻에게 지워 주고 성읍으로 들어가니라"(15절).

여기서 겉옷은 아마도 숄 같은 것으로 생각된다. 거기에 그는 보리를 여섯 번 되어서 룻에게 지워 주었다. 룻이 이를 지고 집으로 돌아오자 밤새 초조하게 기다리던 나오미는 어떻게 되었는지를 묻는다. 그러자 룻은 밤에 있었던 일을 다 이야기하고, 보아스가 보리를 여섯 번 되어 주면서 한 말을 전한다. "이르되 그가 내게 이 보리를 여섯 번 되어 주며 이르기를 빈손으로 네 시어머니에게 가지 말라 하더이다 하니라"(17절).

나오미는 빈손으로 시어머니에게 가지 말라고 하며 보리 여섯 되를 준 것을 보고 확신할 수 있었다. 그렇다면 빈손으로 가지 말라고 한 의미는 무엇일까? 두 가지 의미를 유추할 수 있다.

약속의 증표 | 며느리 룻을 보아스에게 보낸 것은 나오미이다. 룻을 보내서 당신이 우리의 친족이니 기업을 무를 사람, 즉 고엘이 되어 달라고 요청한 것이다. 이러한 요청에 대해서 보아스는 보리 여섯 되를 지워 보냈다. 무슨 의미일까? 그가 약속을 이행하겠다는 증표이다.

여기에 보리 여섯 되를 두 번이나 반복하는 이유가 있다. 히브리인은 숫자에 의미를 담는다. 이를 보면 왜 완전수인 일곱 되가 아니라 여섯 되일까 하는 고민을 하게 된다. 그것은 보아스보다 앞선 친족이라는 변수가 있기 때문이다. 그래서 그가 일곱 되를 부어 주는 확정적인 대답을 하지 않은 것이다. 자신의 권한 밖의 일이라고 생각했기 때문이다. 하지만 여섯 번을 되어 줌으로써 자신이 최선을 다할 것임을 보여준다. 모든 결과는 하나님의 손에 달려 있으니, 주께 맡기고 자신은 최선을 다하겠다는 메시지가 그 보리 여섯 되에 담긴 것이다.

긍휼 | 보리 여섯 되에는 약속의 증표보다 더 중요한 의미가 담겨 있다. 그것은 보아스의 긍휼이다. 여기 '빈손'은 이미 앞에서 한 번 사용된 단어이다. 룻은 모압에서 남편과 두 아들을 잃고 망해서 돌아올 때 이렇게 고백한 바 있다. "내가 풍족하게 나갔더니 여호와께서 내게 비어 돌아오게 하셨느니라"(룻 1:21).

여기에 '비어'가 빈손과 같은 단어 '레캄'이다. 룻기 저자는 일부러 같은 단어를 사용한 것이다. 하나님이 비어 돌아오게 한 나오미를 생각해서 보아스가 룻에게 말하다. "시어머니에게 빈손으로 돌아가지 말라." 이 말에서 느껴지는 것은 무엇인가? 보아스가 남편과 두 아들을 잃고 모든 재산을 잃은 후 텅 비어 돌아온 나오미의 심정을 헤아리고 있다는 것이다. 그의 마음, 그 아픔을 헤아리고 있는 것이다.

이미 빈손인 인생에는 상처가 있다. 실직한 사람, 망한 사람, 남편을 잃고 자녀를 잃은 사람에게는 상처가 있다. 빈손은 이미 상처다. 그 빈손을 내밀었는데 그대로 돌려보낸다면 그것은 상처에 소금을 뿌리는 격이다. 그때의 섭섭함은 이루 말할 수 없다.

어느 목사님의 말이다. 개척 때 어쩌다가 좀 있는 분을 만났는데 그냥 빈손으로 돌려보내면 그렇게 섭섭하더란다. 또 얼마 전에 어느 연세 많으신 분이 이렇게 말하는 것을 들었다. 나이를 먹다 보니 자녀들이 오면 손에 무엇을 들고 왔나 하고 보게 되고, 빈손으로 오면 섭섭하다는 것이다. 우리는 주변의 가난한 이웃들을 빈손으로 돌려보내지 말아야 한다.

보아스가 보낸 보리 여섯 되는 그런 면에서 긍휼의 표현이다. 여기서 여섯 되는 미완성을 의미한다. 결국 내가 당신 가정의 기업 무를 자가 되어 텅 빈 당신의 삶을 기쁨으로 채워 주겠다는 무언의 약조이다. 나오미는 이것을 읽은 것이다.

긍휼을 동력으로 삼아라 | 그동안 보아스의 말들을 떠올려 보라. 보아스가 룻을 칭찬한 이유가 무엇이었는가? 룻이 나오미를 버리지 않고 좇아와 시어머니를 위해 이삭을 주우러 나왔으며, 그 시어머니를 위해 젊은 남자가 아닌 자신에게 기업 무를 자가 되어 달라고 했기 때문이다. 보아스가 룻을 칭찬한 모든 관점은 다 여기에 있다. 불쌍한 나오미를 향해 룻이 베푼 인애, 즉 헤세드 때문이었다.

긍휼은 보아스를 움직이는 동력이었고, 동시에 룻이 나오미를 따라온 이유이기도 하다. 룻은 얼마든지 자기 이익을 따라 선택할 수 있었지만 시어머니의 고통을 생각하면 자기 혼자 편할 수 없었다. 보아스도 마찬가지다. 그냥 눈감아 넘기기엔 긍휼이 그로 안식하지 못하게 하였다.

하나님은
쉬지 않으신다

보아스는 그리스도의 조상으로서 그분의 후손으로 오실 그리스도께서 어떤 분인지를 보여주는 모형이 된다.

이웃을 사랑하라 | 본문은 보아스가 율법의 정신과 마음인 긍휼을 소유했음을 보여준다. 율법의 핵심은 사랑이고 긍휼이다. 기업 무르는 제도 역시 그렇다. 율법은 나오미와 같은 사람을 긍휼히 여기시는 하나님의 사랑의 성품이 담겨 있다. 율법의 핵심은 이웃을 내 몸처럼 사랑하라는 것으로 요약할 수 있다. "온 율법은 네 이웃 사랑하기를 네 자신 같이 하라 하신 한 말씀에서 이루어졌나니"(갈 5:14).

보아스와 룻은 이러한 헤세드를 가졌다. 하지만 보아스보다 가까운 친족은 기업 무를 책임을 다하지 않았다. 손해날 것을 염려했기 때문이다. 그는 나오미의 이웃이 되어 주지 않았다. 그에게는 율법만 있고 긍휼이 없었다. 이것이 바로 이스라엘의 문제였다. 율법만 있고 마음이 없었다.

왜 그들에게 긍휼이 없었을까? 바로 죄 때문이다. 죄는 자기 독립성, 중심성을 갖고 있다. 인간이 하나님을 떠나 스스로 주인이 되려 하는 것, 이것이 죄다. 하지만 자기 힘으로 살겠다고 하는 순간, 인간은 근본적으로 결핍 상태에 이르게 된다. 그래서 그들 안에 도덕은 있지만 긍휼이 없는 것이다. 종교적으로 율법의 제도를 지키며 도덕적인 삶을 살지만, 실제로 율법의 정신인 긍휼과 사랑은 그 안에 없다. "화 있을진저 외식하는 서기관들과 바리새인들이여 너희가 박하와 회향과 근채의 십일조는 드리되 율법의 더 중한 바 정의와 긍휼과 믿음은 버렸도다 그러나 이것도 행하고 저것도 버리지 말아야 할지니라"(마 23:23).

보아스는 율법의 정신인 긍휼을 가진 자였다. 룻도 그렇다. 이 둘은 도덕적 모델이기 이전에, 메시아의 조상으로서 그들을 통해 오실 그리스도를 가리키는 모형이 된다. 이들은 긍휼로 나오미를 구속하였듯이, 하나님을 떠나서 나오미처럼 파산한 우리를 향한 고엘, 구속자를 가리키는 모형이다. 우리는 보아스를 통해 그리스도를 떠올리게 된다. "그러므로 주께서 세상에 임하실 때에 이르시되 하나님이 제사와 예물을 원하지 아니하시고 오직 나를 위하여 한 몸을 예비하셨도다"(히 10:5).

하나님은 제사와 예물을 원치 않으신다. 긍휼이 없는 종교 생활이 싫으시기 때문이다. 그래서 율법 대신에 아들이신 성자 하나님을 위해 한 몸을 예비하셨다. 다시 말해 하나님의 아들이 몸이 되도록 계획하셨다. "이에 내가 말하기를 하나님이여 보시옵소서 두루마리 책에 나를 가리켜 기록된 것과 같이 하나님의 뜻을 행하러 왔나이다 하셨느니라"(히 10:7).

예수님은 이처럼 하나님의 뜻을 행하러 오셨다. 우리는 하나님의 뜻을 행한다고 하면 안식일을 지키는 흐트러짐 없는 삶을 떠올린다. 하지만 주님은 하나님의 뜻인 긍휼을 행하셨다. 말씀대로 자기 몸을 희생하신 것이다. 의인이나 선인을 위해서가 아니라 죄인을 위해서 자신의 목숨을 내어주셨다. 이것이 긍휼이요, 율법 사랑의 현현이다. 이렇게 하나님은 친히 말씀이 육신이 되어 그 몸으로 사랑을 나타내셨다. 예수님은 십자가에서 희생하심으로써 우리의 모든 빚을 탕감하시고 우리의 고엘이 되어 주셨다.

우리는 보아스를 통해 우리의 고엘이신 그리스도를 바라보아야 한다. 그리스도야말로 우리를 구원하기 위해서 쉬지 않으시는 분이다. 그분의 긍휼은 자신을 죽음에 이르게 하기까지 쉬지 않으셨다. 그리스도로 인해 나오미의 이야기는 우리의 이야기가 된다. 그리스도 안에서 우리는 나오미를 향해 쉬지 않고 긍휼을 베푸시는 이야기를 체험할 수 있다.

하나님의 긍휼을 가지라 | 처음 룻기를 읽기 시작할 때 들었던 마음은 '어떻게 마무리되려고 남편과 두 아들이 죽은 후에 텅 비어 고향으로 돌아가는 이런 비극으로 시작하는가?'였다. 그런데 며느리 룻으로 인해 나오미의 회복이 시작되는 것을 보게 된다.

사실 보아스보다 더 신기한 사람이 룻이다. 나오미가 "나는 망했다. 나를 따라와 봐야 평생 과부로 살게 될 테니 돌아가서 결혼하고 새 출발 해라"라고 말해도 며느리 룻은 시어머니를 붙좇는다. 베들레헴으로 돌아와서 낙망하지 않고 시어머니를 위해 들에 나가 이삭을 주워 봉양하고, 젊은 남자를 마다한 채 이 가정의 기업을 무르려고 자기 삶을 던지는 인애의 헤세드를 보여준다. 어떻게 룻은 이렇게 할 수 있었을까? 그 배후에는 하나님의 긍휼이 있다.

왜 보아스는 손해를 보아도 다른 이를 위한 고엘이 되겠다고 결심하였을까? 그 일을 성취하기 위해 쉬지 않고 일하는 마음은 어디서 왔을까? 바로 나오미를 향한 하나님의 긍휼이다.

그리스도 안에서 긍휼을 경험하라 | 긍휼은 주님 안에서 이루어지는 은혜이다. 나오미의 이야기는 남의 이야기가 아니다. 하나님은 나오미를 긍휼히 여기시듯이 우리의 아픔과 실패에 무관심하지 않으시다. 다윗은 "나의 눈물을 주의 병에 담으소서"라고 고백한다(시 56:8). 주님은 우리의 눈물 한 방울, 한 방울을 모두 기억하신다. 그리고 이 눈물을 모두 담아서 그 눈물만큼 기쁨으로 바꿔 주신다.

우리는 모두 빈손의 경험이 있다. 내게도 빈손이 있다. 대학 입시 때 점수를 확인하러 가던 날 불렀던 찬양이 '내 주여 뜻대로 행하소서'였다. 그런데 그 뜻이 내 예상과 달랐다. 나는 한동안 이 찬양을 부르지 못했다. 주님은 나오미처럼 나를 텅 비게 만드는 분이었다. 또 신학교에 들어가서 많은 꿈을 꾸었지만 폐결핵에 걸려 다시 텅 빈 인생을 살았다. 그렇게 나는 꿈 많은 20대 후반에서 30대에 이르기까지 고난의 터널을 지났다. 한동안 '왜 하나님은 내 젊은 날을 그렇게 만드셨을까?' 하고 질문할 때가 있었다. 그런데 이제야 하나님이 그 눈물만큼 나를 긍휼히 여기셨다는 것을 깨닫는다. 하나님은 우리의 눈물과 고통을 하나하나 다 기억하시고 기쁨으로 바꿔 주신다. 우리가 엎드리고 긍휼을 구하는 만큼 말이다. 그래서 40세까지 나를 고난 속에 두신 하나님이 40년을 모세처럼 사용하시리라고 기도한다. 예수님의 십자가, 이것이 바로 하나님 긍휼의 확증이다. 그 사랑이 우리를 버리지 않고 하나님으로 쉬지 않게 하신다.

기다려라 | 주님의 긍휼을 기억할 때 우리는 나오미처럼 기다리라고 이야기할 수 있다. "이에 시어머니가 이르되 내 딸아 이 사건이 어떻게 될지 알기까지 앉아 있으라"(18절).

우리가 움직일 때가 있고, 최선을 다해서 순종해야 할 때가 있다. 반면에 기다려야 할 때가 있다. 우리가 모든 것을 결정하는 것이 아니다. 우리가 할 수 있는 것은 6까지이고 나머지 1은 하나님이 하신다. 그래서 기다려야 한다. 그런데 우리가 기다릴 수 있는 이유는 주님의 긍휼이 일하기 때문이다. 모든 것이 합력하여 선을 이룰 것을 알기 때문이다.

이 기다림은 기도를 의미한다. 기도는 무엇인가? 우리를 향한 그분의 긍휼에 불을 지르는 것이다. 그래서 신자가 부르짖을 때 하나님이 일하신다. "예루살렘이여 내가 너의 성벽 위에 파수꾼을 세우고 그들로 하여금 주야로 계속 잠잠하지 않게 하였느니라 너희 여호와로 기억하시게 하는 자들아 너희는 쉬지 말며 또 여호와께서 예루살렘을 세워 세상에서 찬송을 받게 하시기까지 그로 쉬지 못하시게 하라"(사 62:6~7).

긍휼을 위해
쉬지 말라

본문에서 보아스가 보여주는 또 하나의 메시지는 모델이다. 어떻게 보아스처럼 손해나는 일에도 열심을 낼 수 있을까? 무엇이 보아스를 쉬지 않게 했을까? 긍휼이다. 무엇이 예수님을 쉬지 않고 일하시게 했을까? 긍휼이다. 그렇다면 무엇이 우리로 손해에도 불구하고 다른 사람을 돕는 일에 쉬지 않게 할까? 역시 긍휼이다. 우리는 율법이 명하기 때문에 긍휼을 베풀며 사는 것이 아니다. 우리 안에서 긍휼이 흘러나와야 한다. 우리 내면에서 자비가 흘러나와야 한다.

신자는 한마디로 긍휼을 베푸는 사람이다. "그는 가난한 자와 궁핍한 자를 변호하고 형통하였나니 이것이 나를 앎이 아니냐 여호와의 말씀이니라"(렘 22:16).

고아와 과부처럼 가난하고 어려운 자를 긍휼히 여기는 사람이 진정 하나님을 아는 사람이다. 우리가 골로새서에서 배울 수 있는 새사람의 옷이 무엇인가? "긍휼과 자비와 겸손과 온유와 오래 참음을 옷 입고"(골 3:12 하). 가장 먼저 신자가 입을 옷이 긍휼이다. 그런데 우리 안에서 왜 긍휼이 흘러나오지 않을까? 어떻게 해야 우리 안에서 긍휼, 헤세드가 흘러나올 수 있을까?

영적 중산층 의식을 버리라 | 영적 중산층 의식이란 자신이 열심히 노력한 덕분에 하나님과의 관계에서 일정한 경지에 올랐다고 자부하는 것을 가리킨다. 사회적 성공과 재산이 자신이 부지런히 열정적으로 일한 결과물이라고 확신하는 것이다. 이런 사람은 자신이 긍휼을 입었다는 의식이 없다. 그러다 보니 궁핍한 처지에 몰린 이들에게 냉담하다. 그들이 가난한 것은 게으르기 때문이라고 생각한다. 우리는 이러한 의식을 버려야 한다.

신자는 누구인가? 하나님 앞에서 죄인이기에 전적인 은혜 즉 긍휼로 구원받은 자요, 중산층이든 엘리트이든 상관없이 자신이 나오미와 같이 파산한 자임을 인식하는 자다. 그리고 주님 앞에서 나의 의는 더러운 누더기와 같다고 고백하는 자다. 따라서 신자는 자신이 긍휼을 입었다고 생각한다. 이것이 은혜 의식이요 긍휼 의식이다.

이렇게 자신이 하나님 앞에 긍휼을 입은 것을 아는 사람은 다른 나오미를 볼 때 거울을 보는 것처럼 자신을 보게 된다. 그리고 자신이 입은 긍휼을 기억한다. 이처럼 복음으로 변화된 사람의 특징은 자비와 긍휼이다. "긍휼을 행하지 아니하는 자에게는 긍휼 없는 심판이 있으리라"(약 2:13).

긍휼이 없는 자는 긍휼 없는 심판을 받는다. 심판의 날에 주님께서 우리의 삶을 평가하시되, 긍휼을 얼마나 행했는지 살펴보시며 우리가 진정한 그리스도인인지 아닌지 친자확인을 하신다. 긍휼은 거듭난 신사의 시금석이다.

인색하게 만드는 우상을 해체하라 | 나오미의 가까운 친족은 손해가 날 것을 염려하여 책임을 거부한다. 그에게는 돈이 우상이기 때문이다. 돈이 그를 안전하게 지켜 주며, 행복하게 해주고, 삶을 통제하게 해준다고 믿는다. 하지만 우상은 헛되다. 늘 행복이 있을 것처럼 이야기하지만 실제로는 행복이 없기에 우상을 섬기면 너그러울 수 없다. 오히려 인색하게 될 뿐이다.

우리의 정체성은 예수 그리스도의 긍휼에 있다. 나오미와 룻의 행복과 안전이 보아스의 긍휼에 있듯이, 우리의 안전과 행복은 오직 그리스도의 사랑 안에 있다. 보아스의 긍휼이 나오미를 돌보듯이 주님의 긍휼이 우리를 돌본다. 주님의 긍휼이 우리의 안전이고 공급이다. 그분의 긍휼과 은혜와 사랑 안에 우리의 정체성이 있다. 이것이 우리의 부요함이다. 그러하기에 교회와 신자는 너그러움을 특징으로 갖는다. 거듭난 신자의 표지는 긍휼이며 이는 곧 너그러움이다.

조나단 에드워즈(Jonathan Edwards)는 이렇게 말한다. "그리스도인의 마음은 어려운 처지에 몰린 이웃을 보는 순간 긍휼히 여기는 마음이 샘솟아야 한다. 사랑하는 영혼을 품고 상대의 고통에 뛰어들어 똑같은 아픔을 체감해야 한다. 그리스도께서 그렇게 하셨기 때문이다. 그리스도는 우리와 똑같은 입장이 되어 우리의 고난에 동참하시고, 그래서 우리의 연약함을 함께 체휼하셨다."

얼마 전에 평생 모은 전 재산 113억 원을 한동대에 기부한 장응복 박사의 기사가 신문에 실렸다. 궁금하던 차에 한동대 이사장인 이재훈 목사님에게 자세한 이야기를 들을 수 있었다. 장 박사님은 원래 7년 전부터 기부를 해왔는데, 이 사실이 알려지는 것을 거부하셨다. 그가 별세하자 한동대는 그의 선한 모습을 세상에 알리기로 하였다.

의사의 길을 걷던 장 박사님은 1960년대부터 한밤중에 환자가 병원문을 두드리면 자다가도 일어나서 진료하고, 거동이 불편한 환자는 직접 찾아가셨으며, 형편이 어려운 사람에게는 무료로 진료하셨다. 자신을 위해서는 근검절약하였으며, 30년은 써야 오래된

물건으로 간주하였고, 아내 김영선 여사는 손수 뜨개질을 해서 옷을 해 입으셨다. 장응복 박사는 90세가 넘을 때까지 버스를 타고 다니셨다. 그의 평생 철학은 '돈 벌어서 남 주자'였다.

그는 평생 모은 돈 100억을 '공부해서 남 주자'라는 한동대학교의 교육 가치관에 깊이 동감하여 기부하였다. 정말 멋진 일이 아닐 수 없다. 돈 벌어서 남 주자는 생각을 가진 그분이 공부해서 남 주자는 학교에 기부한 것이다.

수익 사업이 없는 교회가 세워질 수 있는 이유는 무엇인가? 교회는 성도들이 손해나는 일에 열심을 낸다. 다음 세대를 위해, 지역 사회를 위해 십일조와 헌금을 한다. 그리고 분립 개척을 위해 손해 나는 일에 앞장선다. 그런데 이와 같은 헌신이 교회를 건강하고 아름답게 세운다.

그리스도를 사랑하라 | 교회의 모든 힘은 우리의 주시며 교회의 머리이신 그리스도에게서 나온다. 우리는 온 힘을 다해 그리스도를 사랑해야 한다. 세상의 영웅이나 성공한 사람이 아닌 우리 주 예수님의 아름다움을 바라보고 그 아름다움을 흠모하며 주님의 신부로 살아가야 한다. 주님의 긍휼하심 안에서 우리의 이기심이 벗어지고, 주님과의 사랑 안에서 우리의 자기 중심성이 벗어진다. 주님의 아름다움 안에서 우리의 추함이 사라진다.

우리 역시 보아스처럼, 예수님처럼 손해나는 일에 열심을 내야 한다. 과거에는 우리 자신의 이익을 위해 생명을 걸었지만 이제는 남에게 유익이 되는 일에 열심을 내야 한다. 이것이 바로 그리스도인의 모습이요, 거듭난 신자의 열매이다. 우리 안에 헤세드의 열매, 자비의 열매, 너그러움의 열매가 가득하기를 주님의 이름으로 축복한다.

■생각 나누기

- 나오미는 왜 보아스가 손해날 일을 위해 쉬지 않고 일할 것이라고 생각했는가?
- 나오미가 목격한 약속의 증표는 무엇인가?
- 보아스를 움직인 동력은 무엇인가?
- 우리가 보아스를 통해 그리스도에 관해 알 수 있는 사실은 무엇인가?
- 나오미를 향한 하나님의 열심에서 알 수 있는 사실은 무엇인가?
- 우리가 주님의 긍휼을 바라보며 잠잠히 기다릴 수 있는 이유는 무엇인가?
- 우리 안에서 긍휼, 헤세드가 흘러나오게 하려면 어떻게 해야 하는가?

Ruth

10장

이름을 남기라

룻 4:1~12

보아스는 밤중에 타작마당으로 찾아와 청혼한 룻에게 감동하여
그녀가 원하는 대로 해주겠다고 약속했다.
하지만 두 사람이 결혼하려면 넘어야 할 산이 하나 있었다.
바로 보아스보다 기업 무를 순위가 앞선 친족이다.
여전히 안개와 같은 장애물이 있었지만 보아스는 최선을 다해 움직이기 시작했다.
보아스의 마음에서 우리는 무엇을 느낄 수 있을까?
그 안에서 우리를 사랑하신 예수님을 발견할 수 있을까?
주님은 책임지는 자에게 어떤 복을 주실까?

당신은 책임을 지는 사람인가, 걸림돌이 되는 사람인가?

보아스는 이미 마음속으로 자신이 나오미의 기업 무를 자가 되어 룻과 결혼하기로 결심했다. 하지만 걸림돌이 있었다. 기업 무를 책임이 그보다 더 앞선 친족이 있었던 것이다.

"보아스가 성문으로 올라가서 거기 앉아 있더니 마침 보아스가 말하던 기업 무를 자가 지나가는지라 보아스가 그에게 이르되 아무개여 이리로 와서 앉으라 하니 그가 와서 앉으매"(1절).

보아스보다 가까운 친족의 이름은 그냥 아무개로 나온다. 그는 기업 무를 우선순위의 책임을 가지고 있었지만 정작 추수의 때가 다 지나가기까지 나오미에게 아무 관심을 보이지 않았다. 하지만 정작 보아스가 그들의 기업을 무르고자 할 때 걸림돌이 되었다. 그 사람 때문에 보아스는 돕고 싶어도 도울 수 없는 상황이 되었다. 이에 보아스는 성문에서 그 사람과 장로 열 명을 청하여 공적으로 책임 소재를 분명히 하고자 하였다.

본문에서는 책임이 있는 자리에서 걸림돌이 되는 한 사람과 열정을 가지고 돕고자 하는 한 사람이 대조된다. 이 두 사람의 차이를 살펴보자.

말씀 적용에 넉넉한 사람이 되라

먼저 두 사람은 말씀 적용에서 차이를 보인다. 한 사람은 인색하게 말씀을 적용하고 한 사람은 넉넉하게 적용한다. 사람의 마음은 말씀을 대하는 태도를 보면 알 수 있다. 보아스가 당시 상황을 설명하는 장면을 보자. "보아스가 그 기업 무를 자에게 이르되 모압 지방에서 돌아온 나오미가 우리 형제 엘리멜렉의 소유지를 팔려 하므로"(3절).

여기에 '소유지를 팔려 한다'라는 문장은 완료형이다. 이는 두 가지 의미로 해석 가능하다. 첫째, 이미 팔았다는 의미다. 그들이 베들레헴을 떠날 때, 즉 10년 전에 팔았다는 것이다. 둘째, 땅을 팔려고 내놓았다는 의미다. 이미 팔았든지, 아니면 지금 팔려고 내놓았든지 상황은 같다. 나오미는 살기 어려우니 누군가에게 팔아야 한다. 그렇다면 나오미의 친족에게는 그 기업이 다른 사람에게로 넘어가지 않도록 보존할 책임이 있다. 이 책임은 두 사람의 친족에게 있다. 그래서 보아스는 네가 첫 번째 친족이니 네가 물러라, 네가 안 무르면 내가 하겠다고 한 것이다.

"내가 여기 앉은 이들과 내 백성의 장로들 앞에서 그것을 사라고 네게 말하여 알게 하려 하였노라 만일 네가 무르려면 무르려니와 만일 네가 무르지 아니하려거든 내게 고하여 알게 하라 네 다음은 나요 그 외에는 무를 자가 없느니라 하니 그가 이르되 내가 무르리라 하는지라"(4절).

아마도 이 사람은 나오미의 친족으로서 자신의 기업 무를 책임을 생각해 본 것 같다. 그는 나오미가 죽을 때까지 생계만 책임지고 나오미가 죽게 되면 그 땅은 자신의 소유가 될 것이라고 생각했을 것이다. 그러면 남는 장사일 수 있다. 따라서 그는 자신이 무르겠다고 하였다. 하지만 보아스는 그의 생각의 허점을 짚어 말하였다. "보아스가 이르되 네가 나오미의 손에서 그 밭을 사는 날에 곧 죽은 자의 아내 모압 여인 룻에게서 사서 그 죽은 자의 기업을 그의 이름으로 세워야 할지니라 하니"(5절).

보아스는 네가 밭만 사면 되는 것이 아니라 룻과 결혼해서 그 밭을 죽은 자 즉 말론의 이름으로 세워야 한다고 말한다. 사실 이 부분에서 좀 복잡해진다. 율법에 따르면 친족이 기업 무를 책임은 그 땅을 물려주는 것 외에는 없다. 그 남은 과부와 결혼하여 기업을 이어주는 계대 결혼은 형제에 대해서만 언급한다. 그렇기에 그 사람도 거기까지만 생각했고, 그 정도면 손해가 없으니 한번 해 볼 만하다고 생각한 것이다.

그런데 보아스는 똑같은 율법의 말씀을 읽고 마치 자신이 말론의 친형제인 것처럼 적용하였다. 그래서 그는 당연히 기업 무를 자는 룻과 결혼해서 죽은 자의 이름으로 유업을 이어줘야 한다고 하였다. 그가 이렇게 생각한 것은 그것이 이 제도의 궁극적인 목적이었기 때문이다. 첫 번째 친족은 그냥 말씀을 문자적·형식적으로 적용한 반면, 보아스는 적극적으로 그 의도와 뜻을 적용한 것이다. 이 지점에서 둘은 차이가 났다. 똑같은 하나님의 말씀을 듣고 읽었지만 적용하는 데서 이들의 마음만큼 차이가 난 것이다.

아무개의 마음이 되지 마라 | 그렇다면 첫 번째 친족의 마음은 어떠한가? 6절은 그의 마음을 보여준다. 여기서 가장 많이 반복되는 단어가 바로 '나'다. 여기에 초점을 두고 다시 한번 읽어 보라.

"그 기업 무를 자가 이르되 나는 내 기업에 손해가 있을까 하여 나를 위하여 무르지 못하노니 내가 무를 것을 네가 무르라 나는 무르지 못하겠노라 하는지라"(6절)

이 한 구절에 '나'라는 말이 무려 5회나 반복된다. 이는 그가 얼마나 자신만 생각하는 사람인지를 보여준다. 오직 내 기업, 나를 위하여. 기업 무르는 일은 분명 친족을 돕고 그에게 사랑을 베풀어야 하는 책임이요 희생의 조항인데, 그는 오히려 자신의 권리로 생각했다. 망해 가는 형제를 도우려 하기보다 자신이 이익을 얻으려 하였다. 하지만 당장 손해 볼 것 같으니 이 책임을 넘겨 버리기로 한다.

결국 그는 율법 즉 하나님의 말씀을 가지고 있었지만, 마음으로는 자신과 돈을 섬긴 사람이었다. 율법을 알지만 그 마음에는 하나님을 사랑하는 마음이 없었다. 그래서 적용에 인색한 것이다.

예수님은 신약성경에서 율법에 열심이 있다는 바리새인들을 책망하셨다. 주님은 그들 속에 탐심이 가득하다고 말씀하시며 그들의 아비를 마귀라고 하셨다. "너희는 너희 아비 마귀에게서 났으니 너희 아비의 욕심대로 너희도 행하고자 하느니라"(요 8:44 상). 이 말씀을 통해 예수님은 고상한 척하는 종교인들의 내면을 지적하신다.

C. S. 루이스(Clive Staples Lewis)는 가장 고상한 척하는 종교인이 가장 사탄적일 수 있다고 하였다. 마귀는 원래 하나님 곁에서 섬기

던 천사였다는 것이다. 그는 『순전한 기독교』에서 이렇게 말한다. "소는 아주 선하거나 악해질 수 없지만 개는 그보다 선하거나 악해질 수 있다. 아이는 그 이상이고, 범인은 그 이상이며, 천재는 그 이상이다. 초인의 정신은 최선이나 최악이 될 수 있다."

하나님의 뜻을 알면서도 거역할 수 있는 사람이 가장 악해질 수 있으며, 모든 악인 가운데 종교적인 악인이야말로 최악이 될 수 있다. 그런 사람이 바로 유대인이었다. 고상한 척하는 그 내면에 온갖 악이 있었고 말씀을 거역하는 그 안에 마귀가 존재했다. 그래서 가장 종교적이면서 가장 마귀적인 존재라고 하였다. 하나님의 말씀을 자기 이익의 수단으로 삼는 모습처럼 악한 것이 어디에 있을까?

그리스도의 마음을 본받으라 | 우리는 율법의 본뜻을 적용하려는 보아스에게서 예수님의 모형을 볼 수 있다. 예수님은 율법을 폐하러 온 것이 아니라 성취하러 오셨다. 예수님은 산상수훈에서 살인하지 말라는 율법에 대해 형제에게 욕하고 노하는 자가 살인한 자라고 하셨다. 간음하지 말라는 계명에 대해서는 음욕을 품은 자가 간음한 자라고 하셨다. 그리고 오른편 뺨을 치면 왼편 뺨을 돌려대고, 속옷을 가지고자 하면 겉옷까지 주며, 5리를 가자고 하면 10리를 가고, 꾸고자 하는 자에게 거절하지 말라고 하시면서 원수를 사랑하라고 하셨다. 무슨 의미인가? 예수님은 율법을 그 본래 하나님 마음의 뜻까지 확장하여 적용하신 것이다. 주님은 실제로 그렇게 사셨다. 그래서 자신의 목숨을 우리 죄인들을 위해 내어주시기까지 순종하셨다.

율법은 메뉴판과 같다. 메뉴판에 메뉴가 있으나 음식이 없는 것처럼 율법은 사랑을 가르치나 그 안에 사랑이 없다. 율법의 조항은 의무이다. 그러나 우리 주님은 친히 사랑으로 오셨다. 우리 주님의 기쁨은 바로 우리의 구원에 있다. 우리의 행복이 주님의 기쁨이다. 주님이 자신을 내어주시는 것은 의무가 아니라 그분의 행복이었다. 어떤 면에서 사랑은 낭비다. 우리를 사랑하시는 하나님은 낭비하시는 하나님이시다. 우리를 위해서 자신의 아들을 낭비하신다.

주님이 우리를 위해서 목숨을 버리셨기에 우리도 그렇게 하는 것이 마땅하다. 이것이 우리 신자들의 마음이다. 어려운 이웃을 섬기고 희생하는 삶 속에서 세상이 알 수 없는 기쁨을 누린다.

이름이 기억되는
사람이 되라

이 두 사람에게서 나타나는 두 번째 차이점은 관심의 차이다. 보아스는 이 사람이 룻과 결혼해야 하는 이유를 분명히 말한다. "보아스가 이르되 네가 나오미의 손에서 그 밭을 사는 날에 곧 죽은 자의 아내 모압 여인 룻에게서 사서 그 죽은 자의 기업을 그의 이름으로 세워야 할지니라 하니"(5절).

보아스는 기업 무름의 중요한 목적을 말한다. 하지만 그는 손해가 날까 봐 싫다고 한다. 신명기를 보면 친족은 아니지만 형제의 경우에 여기 아무개처럼 행동하면 뭐라고 판단하는가? "그러나 그 사람이 만일 그 형제의 아내 맞이하기를 즐겨하지 아니하면 그 형제의 아내는 그 성문으로 장로들에게로 나아가서 말하기를 내 남편의 형제가 그의 형제의 이름을 이스라엘 중에 잇기를 싫어하여 남편의 형제 된 의무를 내게 행하지 아니하나이다 할 것이요"(신 25:7).

이 사람은 형제의 이름을 이스라엘 중에 잇기를 싫어하는 것이다. 그 이름이 끊어지는 것에 관심이 없다. 이에 반해 보아스는 다음과 같이 말한다. "또 말론의 아내 모압 여인 룻을 사서 나의 아내로 맞이하고 그 죽은 자의 기업을 그의 이름으로 세워 그의 이름이 그의 형제 중과 그곳 성문에서 끊어지지 아니하게 함에 너희가 오늘 증인이 되었느니라 하니"(10절). 보아스는 그 형제의 이름이 끊어지지 않게 하는 일에 관심이 있었다.

공동체에 관심을 가지라 | 한 사람은 자기 집만 생각하나 보아스는 공동체 즉 하나님의 백성을 생각한다 하나님께서 계대 결혼과 기업 무름 제도를 제정하신 이유는 당신의 백성들이 그 땅에서 끊어지지 않고 생존하여 하나님 나라의 백성으로 살아가도록 하기 위함이었다. 왜 이 일을 열 명의 장로와 백성들 앞에서 행하는가? 이것은 공동체의 문제이기 때문이다. 우리는 서로서로 의지하여 존재하는 한 공동체라는 뜻이다. 그래서 보아스는 기꺼이 공동체를 위해서 자신에게 주어진 책임을 다하고자 하였다.

오늘날 세상은 더 이상 주변에 얽매이지 말고 하고 싶은 대로 하라고 한다. 과연 우리 중에 누군가의 도움 없이 존재하는 사람이 있을까? 옹알이도 하기 전, 기억도 하기 전 우리는 가족공동체 속에서 보살핌과 사랑을 받았다. 그런 내가 가족의 아픔에 상관하지 않는다면, 그것이 온당한 자유인가? '내 인생은 내 것이야'라고 하며 내 목숨까지도 내 마음대로 끊어버려, 나를 사랑했던 수많은 사람을 아프게 할 권리가 나에게 있는가? 하나의 기업이 성장하게 하려고 국가는 인프라를 만들고, 국위가 선양되어 안정적인 투자가 이루어지도록 하며, 평화를 위해 수많은 젊은이가 국방의 의무를 다한다. 그런데 그 기업이 나만을 위해서 혹은 내가 잘나서 그렇게 된 것이라고 생각하며 사회적인 기여 없이 세금을 숨기고 자기 재산만 불리는 것이 온당한가?

우리는 누군가에 의지하여 살고 있기에 이 사회와 공동체 그리고 가까이 있는 가족에게 연대책임이 있다. 그래서 가족 중에 누군가 아프면 내가 시간을 들이고 스트레스를 함께 받는다. 이렇게 손해를 보며 함께 살아가는 것이 가족이고 공동체다. 그런데 그런 사랑 속에서 살면서 나는 나만의 자유를 포기하지 않겠다고 한다면 그것은 가족을 착취하는 것이다. 이렇게 일방적으로 착취당하는 관계는 오래가지 못한다.

한 연인이 있는데 어느 날 한 사람이 연락도 없이 홀로 여행을 떠났다. 간신히 연락이 닿아서 어디냐고, 왜 연락이 없냐고 묻자 그가 대답한다. "내가 어디에 있고 어디를 가든 너에게 말할 필요가 없어. 내 삶의 주인은 나거든. 아무도 나한테 어떻게 살라고 정해줄 권리가 없어." 이런 말을 들은 상대방은 어떻게 반응하겠는가? "우리 헤어져!" 그럴 것이다. 그 사람을 지워 버릴 것이다.

유명인이 되라 | 여기 이 사람의 이름은 '아무개'이다. 왜 아무개이 겠는가? 룻기에는 등장인물의 이름이 모두 나온다. 죽은 사람의 이름인 오르바도 언급된다. 그런데 왜 이 사람은 아무개라고 하는가? 이름이 지워진 것이다. 나만 생각하면 결국 그는 공동체에서 지워진다. 내가 겨눈 칼날이 훗날 나에게 돌아온다. 룻기는 은연중에 이 사람에 대해 판단하는 것이다.

하지만 보아스는 어떤가? 이름이 지워진 아무개와 달리 형제의 이름이 끊어지지 않게 한 보아스는 그 이름이 얼마나 귀하게 되었는가? 그의 이름은 그의 후손인 다윗 안에서 놀랍게 기억되고, 그리스도 안에서 수천 년이 지난 지금도 이 먼 나라, 이 땅에서 수없이 많이 불리며 칭송되고 있다.

순원들은 순장의 이름을 기억하고, 아이들은 교사의 이름을 기억할 것이다. 구원받은 열방은 선교사님의 이름을 기억하고, 남몰래 도움받은 이들은 도움을 준 이의 이름을 기억하며 칭송할 것이다. 자신의 것을 가지고 다른 사람을 위해, 다음 세대를 위해, 어려운 이웃을 위해 산 이들의 이름을 기억할 것이다.

그 나라에 가면 이름은 역전될 것이다. 여기서 유명했던 사람이 유명하지 않게 되며, 여기서 무명으로 살았던 이들의 이름이 기억될 것이다. 이름의 역전이 일어나는 것이다. 누구 말대로 목사는 하찮은 이름이 될 수 있다. 이런 일이 정말 일어날 것이다. 오랜 기간 묵묵히 섬기는 분들의 이름이 여기서는 높여지지 않지만 그날에는 분명 높여질 것이다. 내 이름이 그날에 어떻게 될지 자신을 돌아보아야 한다.

왜 주님의 이름이 가장 높은 이름이 되었는가? 주님 안에서 우리의 이름이 끊어지지 않고 하늘나라 생명책에 기록되기 때문이다. 그리고 이를 위해서 주님이 죽으셨기 때문이다. 그래서 그분의 이름은 당신의 백성들 가운데 가장 높고, 그 나라에서 영원히 찬송받을 이름이다. 그러면 그 나라에서 누구의 이름이 칭송받을까? 그 나라 백성들의 이름이 끊어지지 않도록 수고한 사람들의 이름이다.

책임을 지는
사람이 되라

부끄러움을 깨달으라 | 기업 무를 책임을 포기하는 자의 행동을 보라. "옛적 이스라엘 중에는 모든 것을 무르거나 교환하는 일을 확정하기 위하여 사람이 그의 신을 벗어 그의 이웃에게 주더니 이것이 이스라엘 중에 증명하는 전례가 될지라 이에 그 기업 무를 자가 보아스에게 이르되 네가 너를 위하여 사라 하고 그의 신을 벗는지라"(7~8절).

이스라엘은 어떤 것을 무르거나 교환하는 일을 확정할 때 신을 벗어서 이웃에게 주었다. 이것이 증명하는 전례였다. 성경에서 하나님은 발바닥으로 밟는 곳마다 주겠다고 하신다(수 1:3). 신은 그런 면에서 그의 소유 권한을 의미한다. 하나님은 모세에게 거룩한 땅이니 신을 벗으라고 하셨다(출 3:5). 즉 신을 벗는다는 것은 소유권을 내려놓는다는 것을 의미한다. 내 권리를 양도한다는 것이다.

여기서 아무개는 신 벗는 일을 아주 자연스럽게 한다. 사실 이 상황에서 신을 벗는 것은 매우 부끄러운 일이다. 원래는 다른 사람이 신을 벗기고 침을 뱉어 모욕을 주었다. "그의 형제의 아내가 장로들 앞에서 그에게 나아가서 그의 발에서 신을 벗기고 그의 얼굴에 침을 뱉으며 이르기를 그의 형제의 집을 세우기를 즐겨 아니하는 자에게는 이같이 할 것이라 하고 이스라엘 중에서 그의 이름을 신 벗김 받은 자의 집이라 부를 것이니라"(신 25:9~10).

신을 벗기는 것은 수치스럽고 불명예스러운 일이다. 이런 말씀에 비춘다면 지금 이 사람이 신을 벗어서 자신의 권리를 양도하는 것은 매우 부끄러운 행동이다. 그러나 이 사람에게는 그런 부끄러움이 보이지 않는다. 무슨 중요한 권리라도 양도하듯이 그냥 신을 벗어 준다. 나는 발을 빼겠다는 의미다. 그에게는 친족으로서의 책임의식, 가난한 자에 대한 긍휼 의식, 공동체에 대한 의식 같은 것이 전혀 없었다.

책임의식을 가지라 | 대조적으로 보아스는 장로와 백성들 앞에서 공적으로 자신이 나오미와 룻의 고엘이 되겠다고 약속한다. "보아스가 장로들과 모든 백성에게 이르되 내가 엘리멜렉과 기론과 말론에게 있던 모든 것을 나오미의 손에서 산 일에 너희가 오늘 증인이 되었고 또 말론의 아내 모압 여인 룻을 사서 나의 아내로 맞이하고 그 죽은 자의 기업을 그의 이름으로 세워 그의 이름이 그의 형제 중과 그곳 성문에서 끊어지지 아니하게 함에 너희가 오늘 증

인이 되었느니라 하니"(9~10절). 그는 공적으로 모든 것을 떠안고 고엘이 되었다. 자신이 책임을 지겠다고 약속했다.

축복을 받으라 | 사람들은 책임을 진 보아스를 축복한다. 이어서 그의 가문은 다윗 왕과 메시아 집안으로 소개된다. 집안에서 교수나 의사나 장관이 나와도 경사라고 하는데 대통령이 나온다고 생각해 보라. 그것도 다윗 왕 같은 훌륭한 대통령이 말이다. 그 집안은 대대로 명문가가 될 것이다. 하지만 왕은 아무 데서나 나오지 않는다. 선조의 모범과 가르침 속에서 나온다.

우리 부모님들은 자녀가 손해를 보고 바보처럼 주기만 하면 안타까워하며 말한다. "너만 생각해라. 적당히 해라. 꾀도 부릴 줄 알아야 한다." 물론 아이는 그것이 자신을 위해서 하는 이야기인 줄 알지만 그렇게 말하면 부모를 존경하지 않는다. 이를 뛰어넘는 이야기를 해야 한다. "섬기고 희생할 줄 아는 것을 보니 네가 지도자가 되겠구나." 그리고 그런 삶을 보여 주어야 한다. 그래야 그 가정에서 지역과 나라를 책임지는 일꾼이 나온다.

반면 이기적인 친족은 이름이 지워진다. 발을 빼서 그렇다. 그는 고엘의 직무를 거추장스러워하여 벗어던졌다. 하지만 사실 거기에 복이 있었다. 분명 기회는 그에게 먼저 있었지만 그는 그 기회를 잃어버렸다.

기업 무르는 책임은 가까이서 보면 손해 보는 짓 같지만 멀리서 보면 복을 받는 일이다. 이방 여인 룻을 아내로 맞이하는 일도 육신적으로 보면 가문의 오점이 될 수 있다. 하지만 믿음으로 보니 현숙한 여인이고 메시아의 어머니이다. 이렇게 보물은 감추어져 있다. 보물은 언제나 눈이 열린 자만이 볼 수 있다.

네가 아니면 내가 한다 | 우리는 어떤 책임을 맡은 사람이 그 일을 내려놓으면 큰일 날 것처럼 생각한다. 하지만 결국 다른 누군가가 그 일을 하게 되는 것을 본다. 하나님은 반드시 누군가를 보내 주신다. 결국 내가 아니면 안 되는 일이란 없다.

자신의 책임을 내려놓은 아무개는 오히려 보아스가 복을 받고, 자신의 이름이 지워져 가는 것을 보았을 것이다. 우리가 사역, 사명, 봉사를 내려놓으면 다른 누군가가 한다. 그러면 그가 은혜와 복을 받고 내 이름은 잊혀 간다.

우리 주님께서 가장 뛰어난 이름을 얻으시고 높은 자리에 앉으신 이유가 무엇인가? 주님이 모든 것을 책임지셨기 때문이다. 인류의 모든 저주를 담당하는 일이 너무나 힘들어서 할 수만 있으면 이 잔을 지나가게 해달라고 하셨지만 결국 아버지의 뜻대로 십자가를 지셨다. 그 신을 벗지 않으시고 그 십자가를 내려놓지 않으셨다. 그래서 주님이 가장 큰 영광을 얻으셨다. 우리는 신을 벗거나 발을 빼지 말아야 한다. 오히려 주님의 뜻을 감당할 힘을 구해야 한다. 그럴 때 주님이 감당할 힘을 주실 것이다.

한 번에 한 사람씩 사랑하라 | 『팬인가 제자인가』의 저자인 미국의 카일 아이들면 목사님이 『한 번에 한 사람』(*one at a time*)이란 책을 쓰셨다. 주님은 많은 무리가 쫓아다녔지만 언제나 한 번에 한 사람

에게 집중하셨다고 한다. 이것이 세상을 변화시키는 주님의 사역이었다. 우리도 마찬가지다. 어떤 엄청난 일을 생각하지 마라. 한 번에 한 사람이다.

보아스가 한 일이 무엇인가? 친족으로서 그 주변의 한 가정을 사랑한 것이다. 하나님이 우리에게 원하시는 것이 그것이다. 거기서부터 시작하면 된다. 내 주변에서 하나님이 보여주시는 바로 그 일을 시작하라.

■ 생각 나누기

- 권리만 생각하고 책임을 지려 하지 않는 아무개는 신약의 누구와 같은가? 예수님은 이들을 향해 무엇이라고 책망하셨는가?
- 어떤 모습이 우리로 보아스에게서 예수님의 모형을 보게 하는가?
- 예수님께 엄청난 사랑을 입은 그리스도인으로서 우리가 어려운 이웃을 위해 마땅히 해야 할 일은 무엇인가? 그렇게 할 때 주님은 우리에게 무엇을 선물로 주시는가?
- 룻기 4장에서 볼 수 있는, 이름이 잊힌 사람과 기억된 사람은 누구인가? 그렇게 된 이유는 무엇인가?
- 공동체에 관해 보아스가 가진 관심은 무엇인가?
- 성경에서 신을 벗는 것은 어떤 의미가 있는가?
- 보아스가 가진 책임의식은 무엇인가? 책임지는 자에게 주님은 어떤 복을 주시는가?

Ruth

11장

스토리를 남기라

룻 4:11~22

보아스가 엘리멜렉 일가의 기업을 무르고 룻과 결혼하여
그 집안의 이름이 끊기지 않게 하겠다고 선언하자,
법원을 구성하고 있던 열 명의 장로가 모두 증인이 되어 주었고,
이어 보아스를 축복하였다.
그런데 그 축복의 대상이 말론이 아닌
보아스의 집이라는 사실은 의문을 자아낸다.
하나님은 이 축복 기도를 어떻게 사용하실까?
4장은 말미에 나오미를 세워 그녀가 이룬 인생역전을 보여준다.
고통받던 나오미는 어떻게 회복되어 사명을 받게 되었을까?
또한 종으로 태어난 오벳은 어떻게 한 가족,
한 가문의 구속자가 될 수 있었을까?

인생역전의 복을 누려라

룻기의 마지막 부분에는 인생역전의 이야기가 기록되어 있다. 완전히 망한 것처럼 보이고 소망이 없어 보이던 인생이 역전되는 이야기이다. 과연 어떻게 하나님은 절망의 인생에 역전의 복을 가져다주실까?

진정한 인생역전은 스토리가 만든다

보아스의 인생역전 | 먼저 살펴보고자 하는 내용은 보아스의 인생역전이다. 본문은 먼저 보아스를 향한 축복으로 시작된다. 나오미와 룻의 기업 무를 자기 되겠다고 선언하는 보아스를 향해서 백성들과 장로들이 축복한다.

"성문에 있는 모든 백성과 장로들이 이르되 우리가 증인이 되나니 여호와께서 네 집에 들어가는 여인으로 이스라엘의 집을 세운 라헬과 레아 두 사람과 같게 하시고 네가 에브랏에서 유력하고 베들레헴에서 유명하게 하시기를 원하며 여호와께서 이 젊은 여자로 말미암아 네게 상속자를 주사 네 집이 다말이 유다에게 낳아준 베레스의 집과 같게 하시기를 원하노라 하니라"(11~12절).

축복은 보아스의 집에 관한 것으로, 룻이 보아스의 집에 들어가서 보아스의 집을 세우게 해 달라는 내용이다. 이 말씀을 보면 이상한 점을 발견할 수 있다. 지금 이 결혼은 보아스가 룻을 통해 죽은 말론의 집, 즉 엘리멜렉의 집을 세우려는 것이다. 그런데 백성과 장로들은 보아스의 집을 세워 달라고 축복하고 있다. 게다가 뒤에 족보를 보면 이 둘에게서 태어난 오벳이 말론의 아들이 아닌 보아스의 아들로 기록되고 있다. 왜 그들은 보아스의 집을 축복하는 것일까?

왜 말론이 아닌 보아스의 집인가? | 두 가지를 추측해 볼 수 있다. 첫째, 보아스는 아마도 독신이었을 것이다. 여기 장로들의 축복 기도 내용을 보면서 이런 생각이 들 수 있다. 만약 보아스가 이미 결혼을 했고 아내를 통해서 자녀들이 잘 자라고 있다면, 이 집에 들어가는 룻을 라헬과 레아와 같게 해 달라는 것은 좀 과한 것이 아닌가? 이스라엘을 세운 두 국모처럼 룻이 보아스의 집을 세우게 해 달라고 한다면, 이미 보아스의 집을 세워온 아내는 무엇인가? 또 그가 낳은 자식은 어떻게 되는가? 상속자를 주셔서 보아스의 집이 베레스의 집과 같게 해 달라고 축복하는 것을 보면, 그동안 보아스에게 상속자 즉 후손이 없었던 것인가? 이런 여러 가지 이유로 학자들은 보아스가 독신이었을 것이라고 말한다. 만약 그렇다면 이 결혼은 기업을 무르는 일인 동시에 본인의 가정을 세우는 결혼이 된다. 따라서 백성들과 장로들은 기업을 무름으로 다른 가정을 세우고자 하는 보아스의 집을 먼저 축복하고 있음을 알 수 있다.

둘째, 구속사는 혈통주의에 의해 세워지지 않는다. 이 결혼을 통해서 낳은 오벳이 나오미의 품에 안기는 것을 볼 때, 그가 엘리멜렉의 가문을 이어가는 존재임이 분명하다. 하지만 성경은 다윗의 혈통 추적이 아니라 다윗의 조상의 신앙 이야기에 초점을 두고 있다. 도대체 어떤 가문에서 다윗과 같은 왕이 나온 것인지에 관심이 있는 것이다. 누가 친족의 이름을 성문에서 끊어지지 않게 하는 데 관심을 가졌는가? 누가 자신의 기업에 손해가 있음에도 기업 무를 자의 책임을 감당하였는가? 누가 자기 집보다 공동체, 즉 하나님의 백성에게 관심을 가졌는가? 그가 바로 보아스였고, 다윗은 이러한 조상의 신앙을 유산으로 전수받았다는 것을 말하고 싶은 것이다. 다윗이 하나님의 성전을 짓고자 할 때, 하나님은 비록 그것을 허락하시지 않았지만 대신 "내가 네 집을 지어 주리라"(삼하 7:11~12)라는 약속을 주셨다. 비슷한 유비가 여기서 발견된다. 바로 그 이야기의 전수이다.

   이스라엘의 구속사는 보아스에서 오벳으로 이어지지, 말론에서 오벳으로 이어지지 않는다. 말론은 구원받는 이름일 뿐 구속사를 이어가는 이름은 아니다. 그는 전수할 것이 없다. 전수되는 것은 죽은 신앙이 아니라 살아 있는 자의 헤세드요 책임이다. 오늘 성경은 이를 강조하고 있다.

   하나님은 스토리가 있는 삶에 복을 주신다. | 엘리멜렉의 가문에서 하루아침에 다윗이 나온 것이 아니다. 그의 가문에는 보아스와 룻의 아름다운 신앙 이야기가 이어져 내려왔다.

   이어령 교수가 죽기 전의 마지막 이야기를 인터뷰 형식으로 담은 책이 『이어령의 마지막 수업』이다. 그 책에서 저자는 이어령 교수에게 "선생님, 럭셔리한 삶이 뭘까요?"라고 묻는다. 그러자 이어령 교수가 대답한다. "나는 소유로 럭셔리한 삶을 판단하지 않아. 가장 부유한 삶은 이야기가 있는 삶이라네. 스토리텔링을 얼마나 갖고 있느냐가 그 사람의 럭셔리지. 똑같은 삶을 살아도 이야깃거리가 없는 사람은 산 게 아니야." 그런 면에서 보아스와 룻의 삶이야말로 럭셔리한 삶이 아닐까? 이 가문이야말로 스토리텔링이 넘치는 럭셔리한 가정이자 명문가이다.

테슬라의 기업 가치를 평가하는 주가 수익률이 1,000배라고 한다. 보통 우리나라 코스피 기준으로 기업들의 주가 수익률이 12배 정도인 것을 생각하면 엄청난 것이다. 주가 수익률이 1,000배라는 것은 이 회사의 1년 순이익을 1,000년 동안 모아야 이 회사를 통째로 살 수 있다는 의미이다. 이 회사가 이렇게 가치 있는 이유는 이 회사의 내러티브 때문이라고 한다. 가치와 비전을 담은 강력한 서사, 즉 내러티브가 그 회사에 엄청난 가치를 부여했다는 것이다. 기업도 내러티브가 있을 때 엄청난 가치가 부여된다. 사람들이 투자하게 만드는 힘이 내러티브다.

교회도 그렇다. 지금 규모가 어떠한지가 아니라 우리 교회가 여기까지 오면서 가진 우리들의 스토리텔링이 중요하다. 하나님의 말씀에 순종해 온 우리들의 내러티브가 우리의 가치다. 가정도 그렇다. 얼마나 부유한지가 아니라 어떤 내러티브가 있는지가, 그 가정이 명문가인지 아닌지를 결정한다. 그저 함께 여행하고 즐거웠던 단순한 이야기를 내러티브라고 하지 않는다. 거기에 철학과 비전이

담길 때 그것을 내러티브라고 한다.

보아스의 삶의 이야기는 단순한 이야기가 아니라 내러티브다. 즉 하나님의 말씀에 순종하며 그분의 역사에 참여한 이야기요, 공동체적 가치가 담긴 이야기이다. 그런 면에서 우리가 하나님의 말씀에 순종하고 말씀을 우리 삶에 적용해 가는 과정 자체가 내러티브다. 이렇게 성경이 우리의 내러티브가 될 때, 그 속에서 다윗 같은 사람이 나타나는 것이다.

사실 룻과 보아스는 자신들의 이야기가 훗날 다윗 왕조의 이야기가 될 줄 몰랐을 것이다. 오늘 우리 가정의 작은 내러티브가 훗날 이 민족 지도자의 이야기가 될지 누가 알겠는가? 우리 가문에서 2대손, 3대손, 4대손을 거치며 어떤 인재가 나올지는 아무도 모른다. 혈통이 이어진다고 되는 것이 아니다. 그 혈통을 통해 이야기가 이어져야 한다. 헤세드, 기업 무름, 궁휼, 공동체 의식의 이야기가 이어져야 한다. 거기서 한 나라를 책임지는 다윗이 탄생하는 것이다.

중요한 것은 바로 이런 이야기가 있는 삶에 하나님이 복을 주신다는 사실이다. 이야기가 있는 가정, 그 집을 하나님이 세우신다.

축복 기도는 능력이 있다 | 오늘 보아스와 룻의 아름다운 이야기에도 불구하고 불안한 한 가지가 있다. 그것은 불임이다. 보아스가 혹 결혼을 했는데 이 나이까지 자식이 없는 것이라면, 과연 그가 후손을 낳을 수 있을까? 또한 룻이 이미 말론과 결혼하여 모압에서 10년을 살았는데도 자녀가 없었는데, 과연 보아스를 통해서 아들을 낳을 수 있을까? 바로 이러한 염려가 백성과 장로들의 축복

속에 묻어 있다. 그래서 그들의 축복은 룻과 보아스의 출산에 맞춰진다.

"이에 보아스가 룻을 맞이하여 아내로 삼고 그에게 들어갔더니 여호와께서 그에게 임신하게 하시므로 그가 아들을 낳은지라"(3절).

성경은 "여호와께서 그에게 임신하게 하시므로"라고 말씀한다. 룻기에 '여호와께서'라는 말과 함께 그분의 직접적인 행동이 표현된 것은 두 번뿐이다. 그 첫 번째는 자기 백성을 돌보신 손길에 있다. "그 여인이 모압 지방에서 여호와께서 자기 백성을 돌보시사 그들에게 양식을 주셨다 함을 듣고"(룻 1:6). 하나님은 기근 중에도 그의 백성들에게 양식을 주셨다. 룻기에서 두 번째로 하나님이 직접적으로 나타나는 장면은 룻을 임신케 하신 사건에서다.

특별히 이 두 가지는 맥락이 비슷하다. 하나님은 오랜 기근 속에서 베들레헴에 양식을 주셨다. 룻에게는 오랜 불임 속에서 임신케 하셨다. 이 두 가지가 대비를 이루고 있다. 결국 이는 하나님의 섭리임을 알 수 있다. 하나님께서 그 태의 문을 열어 주신 것이다.

여기서 주목해야 할 점은 하나님이 그들의 불임에 대한 염려를 해결하시고 임신케 하셨는데, 이 일을 위해 먼저 사람들을 통해서 그들을 축복하고 기도하게 하셨다는 사실이다. 하나님은 누군가에게 복을 주실 때 먼저 사람들이 그를 축복하고 기도하게 하신다. 그리고 그 기도를 통해 복의 문을 열어 가신다. 어떤 사람들은 하나님이 모든 것을 주권적으로 이루어 가시는데 우리가 굳이 기도해야 하느냐고 묻는다. 이에 관련하여 파스칼(Blaise Pascal)은 이런 말을 했다. "하나님이 기도를 만드신 목적은 피조물에게 어떤 일을 유발하는 존재로서의 특권을 부여하시기 위해서이다."

C. S. 루이스(Clive Staples Lewis)는 이렇게 말했다. "기도를 통해서 하나님의 뜻이 이 땅에 이루어지게 하심으로 하나님은 어떤 사건이 실제로 일어나게 하는 역할을 우리에게 맡기셨다." 이것이 바로 기도의 역할이다.

우리는 서로를 축복하는 공동체요 가정이 되어야 한다. 우리가 서로를 위해서 기도하며 축복하는 공동체가 될 때 우리는 함께 복을 받는다. 우리가 마음에서 우러나서 사람들이 보아스를 축복하듯이 서로를 축복할 수도 있지만, 때론 믿음으로 축복해야 한다. 특별히 우리 자녀를 축복하되, 자녀가 실망스러울 때도 믿음으로 축복해야 한다.

설교를 준비하다가 우연히 우리 큰딸 고2 때의 이야기를 기록한 것을 발견했다. 거기에는 이렇게 기록되어 있었다.

"어제 딸이 성적표를 받아왔다. 엉망이다. 아내가 화를 냈다. 아내는 딸에게 '이젠 포기해야겠어. 좋은 대학의 꿈을 이제는 접겠어.'라고 말했다. 나도 그런 생각이 들었다. 거의 확신이 들었다. 하지만 마음을 다잡고 아내에게 말했다. '그래도 다시 한 번 믿어 주자. 잘 할 거야.' 아내가 말했다. '그렇게 중학교 내내 믿어 주고 이제 고등학교 2학년인데, 언제나 항상 실망뿐이었어요.' 사실 그랬다. 그럼에도 불구하고 나는 어젯밤 딸을 불러 축복했다. 비록 공부는 좀 못해도 하나님의 방법으로 이 딸을 축복하시리라 믿고 어느 때보다 간절히 아이의 인생을 향한 하나님의 놀라운 계획을 선포하며, 아이의 존귀한 인생을 향해서 축복하였다."

우리가 할 일은 계속 믿음으로 축복하는 것이다. 만약 공부가 아이의 은사가 아니라면 다른 방법으로 하나님은 복을 주실 것이다. 아이가 혹 원하는 대학에 들어가지 못해도 축복하라. 포기하지 말고 계속 축복하라. 그 씨가 심어지면 반드시 언젠가 열매를 맺게 될 것이다. 우리 가정을 이야기가 있는 럭셔리 가정으로 만들어야 한다. 그리고 축복하는 가정이 되어야 한다.

고통 속에서 우리는 죄보다 깊은 은혜를 발견한다

나오미의 인생역전 | 우리는 나오미의 인생역전 이야기에 주목해야 한다. 이 이야기에서 가장 중요한 초점은 당연히 나오미다. 룻기는 나오미의 인생을 대조한다. 서두에서 나오미는 베들레헴을 떠나 모압으로 갔다가 텅 비어 돌아온다. 그의 남편과 두 아들이 죽었다. 이제 그의 품엔 아무도 없다. 살아갈 삶의 보장이 없다. 그런데 마지막 4장에서 이와 같았던 나오미의 인생이 역전된다. 1장에서 나오미를 보고 소란하던 여인들이 4장에서는 나오미로 인해 찬송하고 축복한다. "여인들이 나오미에게 이르되 찬송할지로다 여호와께서 오늘 네게 기업 무를 자가 없게 하지 아니하셨도다 이 아이의 이름이 이스라엘 중에 유명하게 되기를 원하노라"(14절).

기업 무를 자가 태어났다. 이들은 그 아이에 대해 이렇게 말한다. "이는 네 생명의 회복자이며 네 노년의 봉양자라"(15절 상).

나오미의 생명이 회복되었다. 나오미는 사실 남편과 두 아들이 죽었을 때 죽은 목숨이었다. 그런데 하나님은 이 아이를 통해서 나오미의 생명을 회복시켜 주셨다. 그의 노년까지 봉양할 자가 생긴 것이다. 나오미가 하나님께로 돌아올 때 하나님은 이렇게 나오미를 다시 회복시켜 주셨다.

무엇이 나오미의 인생을 역전시키는가? | 누가 그 아이를 낳았는가? "곧 너를 사랑하며 일곱 아들보다 귀한 네 며느리가 낳은 자로다 하니라"(15절 하).

시어머니를 사랑하며 일곱 아들보다 귀한 며느리 룻이 그 아들을 낳았다. 사람들은 룻을 향해 '너를 사랑하는 며느리'라고 말한다. 게다가 그 사랑이 얼마나 대단한지 일곱 아들보다 귀하다고 한다. 일곱은 완전수다. 룻이 나오미를 얼마나 사랑하고 잘 섬기는지 일곱 아들보다 낫다는 것이다.

이러한 사실은 나오미에게 미스터리이다. 어쩌다가 룻이 나오미를 이렇게 사랑하며 붙좇게 되었는지 도무지 이유를 알 길이 없다. 마치 다윗이 요나단의 사랑을 기이하다고 한 것처럼, 정말 룻의 사랑은 신기할 따름이다.

룻의 모습은 믿음의 사람의 표상이다. 룻으로 인해서 나오미가 살아나고 그 가정이 살아난다. 이것이 믿음의 사람들의 특징이다. 신자는 복의 근원이요 복의 통로이다. 그로 인해 상대방이 복을 받고 그를 통해서 사람들은 신기한 사랑을 경험한다. 진정한 하나님의 백성은 복을 안고 들어오는 사람이다. 요셉이 복을 갖고 들어오지 않았는가? 이것이 바로 하나님 나라 백성의 정체성이라고 할 수 있다.

하나님은 종종 사람을 통해서 당신의 긍휼을 보여 주신다. 룻의 붙좇음과 나오미를 향한 변함없는 사랑, 이것이 바로 하나님의 긍휼이다. 나오미의 인생을 역전으로 이끄는 것은 전적인 하나님의 긍휼의 은혜다. 비록 그녀를 치셨지만 동시에 불쌍히 여기시는 하나님의 긍휼이 그녀를 다시 싸매 주시고 인생을 역전으로 이끌어 주셨다.

나오미의 고통과 사명 | 이 말씀을 주목하여 보라. "나오미가 아기를 받아 품에 품고 그의 양육자가 되니"(16절). 나오미가 오벳의 양육자가 되었다고 말씀한다.

그런데 그 아기가 누구인가? "그는 다윗의 아버지인 이새의 아버지였더라"(17절 하) 그 아이가 다윗 왕의 할아버지라고 한다. 나오미의 손에서 오벳이 양육되고 그 오벳을 통해서 위대한 왕이 나왔다. 우리는 여기서 놀라운 사실을 발견한다. 하나님께 매 맞고 텅 비어 주께 돌아왔더니 하나님이 그 텅 빈 인생에 새로운 사명을 담아 주셨다는 사실이다. 그가 한 나라를 밝히는 위대한 왕이 오는 길을 연 것이다.

우리는 여기서 고통 속에 숨겨진, 죄보다 깊은 은혜를 발견한다. 아들을 잃은 슬픔을 경험한 니컬러스 월터스토프(Nicholas Paul Wolterstorff)가 이런 말을 했다. "우리가 불순종하여 고통을 당하지만 고통 속에는 죄보다 더 큰 무엇이 있다." 죄는 우리를 텅 비게 하지만, 회개하고 돌이키면 거기엔 단지 죄에서 돌이킴 그 이상의 것이 있다는 말이다. 그 죄는 우리 안에 더 깊은 무엇을 품게 한다.

나오미의 남편 엘리멜렉은 그 이름이 '하나님은 나의 왕이시다'라는 뜻이다. 그러나 그는 자신이 왕이 되어 자기 소견에 옳은 대로 행하여 하나님의 통치를 떠났다. 그런 남편을 따라서 떠난 나오미가 경험한 것은 텅 빔이요 고통이었다. 그 텅 빔 속에서 그녀는 왕이 없어 제 소견대로 행하다가 고통당하는 그 시대의 아픔을 겪었다. 그래서 그 아픔을 알았고, 그렇기에 누구보다 왕을 간절히 사모하고 기다렸다. 탕자는 아버지 품을 떠났다가 돌아올 때 다른 사람이 되었다(눅 15장). 아버지의 존재가 그 가슴 안에 들어온 것이다. 하지만 늘 집안에만 있던 형은 어떤가? 집에 있지만 그 가슴에 아버지가 없었다.

이처럼 사사 시대 이스라엘 백성들은 나오미처럼 하나님을 떠나지 않았지만, 아무개를 통해 본 것처럼 가슴에 왕이 없었다. 실상 왕이 없는 삶을 살아간 것이다. 하지만 나오미는 달랐다. 왕이 없는 그 시대의 슬픔을 알고 하나님을 구했다.

하나님은 그런 그녀의 품에 오벳을 맡기셨다. 우리의 고통 속에 사명이 있다. 우리는 고통 속에서 죄를 깨닫고 돌이킬 뿐 아니라 사명자로 빚어진다. 룻기가 인생역전의 말씀이라고 말하는 이유가 바로 여기에 있다. 나오미가 기업 무를 아들을 얻었다는 것만으로는 만족스럽지 않다. 그것을 인생역전이라고 말할 수는 없다. 이렇게 고통 속에서 위대한 구속사의 도구로 쓰임 받은 것, 이것이 바로 인생역전이다.

우리는 불순종했고 추락했으니 이제 더 이상 쓰임 받지 못할 것이라고 생각해서는 안 된다. 오늘 이 구속사를 이어가는 주인공은 낭패와 실망을 경험한 나오미요, 남편을 잃은 이방 여인 룻이다.

여기 계보를 이어가는 이들을 보라. 베레스는 다말의 소생이다. 보아스는 라합의 소생, 오벳은 모압 여인 룻의 소생이다. 마태복음의 계보에 보면 솔로몬은 밧세바의 소생이다. 마태복음은 이 여인들의 이름을 모두 밝힌다. 사라, 리브가, 레아도 있는데 이들은 빼고 이렇게 문제가 있는 여인들의 이름을 밝힌다. 우리가 상상하는 그런 명문가가 아니다. 하나님은 한 번도 깨진 적 없는 완벽한 사람들이 아니라 깨지고 금이 간 그들을 붙이고 고쳐서 사용하신다. 깨진 조각 틈으로 긍휼히 흘러나오고, 그 틈으로 은혜가 흘러나온다.

하나님은 우리가 불순종하여 경험하는 고통조차 주님의 은총의 도구로 사용하신다. 나오미의 텅 빔과 고통과 절망이 아니었다면 오늘 룻기의 아름다운 이야기는 없었을 것이다. 다윗의 이야기도 없었을 것이다. 하나님은 우리의 실수와 불순종 안에서조차 이미 당신의 은총의 역사를 시작하고 계신다는 것을 기억해야 한다. 하나님이 나의 죄로 인해서 나를 버리실 것이라고 생각하지 마라. 나의 불순종으로 인해서 나를 사용하지 않으실 것이라고 생각하지 마라. 오히려 그 고통 속에 죄를 넘어서는 은혜가 있음을 믿고 믿음으로 돌이키라. 믿음으로 돌아올 때 하나님은 나오미와 같은 인생 역전을 허락하신다.

여기서 주목해야 할 점은 실패하고 상처받은 인생을 차별하고 외면하지 말라는 것이다. 나오미와 같은 양육자를 얻으려면, 먼저 나오미같이 실패하고 텅 빈 자를 영접해야 한다. 룻을 얻으려면 룻 같은 이방 여인을 받아들여야 한다. 어떤 사람의 장점은 때로 그 사람의 고통 또는 결점과 함께 온다. 누군가의 결점, 고통, 핸디캡을 받아들이지 못하고 모두 외면한다면 우리는 그 안에 하나님이 만들어 가시는 귀한 보물들을 경험하지 못할 것이다. 티 하나 묻지 않은 사회, 그래서 자꾸 배척하는 사회를 만들면 안 된다. 그것이 긍휼 없는 율법 사회이다. 룻기의 공동체가 나오미와 룻을 받아들이듯이, 그래서 그들을 통해 다윗 왕이 나오듯이, 오늘 우리는 다른 사람의 약점도, 어두운 면도, 실패도 받아들여야 한다. 긍휼로 포용해야 한다. 그때 그들 안에 있는 아름다운 보석이 공동체에서 빛나게 될 것이다. 그들의 성격이 문제가 아니다. 그들을 향한 우리의 포용력이 문제다. 성경이 말하는 사회는 은혜가 없고 긍휼이 없는 율법 사회, 투명 사회가 아니다.

우리의 인생역전을 위해서 태어난 아기가 있다

오벳 | 이제 마지막으로 중요한 것은 보아스와 룻을 통해서 태어난 아들에 대한 말씀이다. 룻기는 그 아들에 대한 이야기로 마무리한다. "그의 이웃 여인들이 그에게 이름을 지어 주되 나오미에게 아들이 태어났다 하여 그의 이름을 오벳이라 하였는데"(17절 상).

종으로 태어난 아이 | 아이의 이름을 오벳이라고 불렀다. 오벳은 '섬김', '종'이란 뜻이다. 오벳은 섬김을 위해 종으로 왔다. 어깨에 무거운 짐을 지고 태어난 것이다. 이는 처음부터 예견된 탄생이었다. 보아스와 룻이 결혼할 때부터 이 아이는 우리 것이 아니요, 죽은 남편의 가문, 불행한 나오미의 가정을 위해 드리기로 한 아이였다. 그렇게 태어났기에 그의 이름은 종이 되었다. 보아스와 룻의 헤세드의 열매인 오벳은 종이다. 이 둘의 사랑과 긍휼이 오벳으로 성육신한 것이다.

그는 그렇게 한 가정, 한 인생의 구속자가 되었다. 그런데 그가 누구인가? "그는 다윗의 아버지인 이새의 아버지였더라"(17절 하) 오벳은 다윗의 조부이자 매개체였다. 한 가정의 구속자로 세워진 그 가문에서 결국 한 나라의 구속자가 나왔다. 룻기의 결론은 여기로 이어진다. 이스라엘 역사에 가장 귀한 선물은 바로 다윗이다. 그가 이스라엘의 구원자요 구속자이다.

룻기는 오벳 안에서 이스라엘의 위대한 왕 다윗을 내다본다. 오벳은 바로 이스라엘의 구속자인 다윗의 모형이자 징검다리이다. 여기 선포된 모든 축복이 다윗에게 연결됨으로 성취된다. 모든 고통은 이제 의미를 찾게 된다. 보아스와 룻의 헤세드의 씨앗이 열매를 맺고 모든 것을 보상받게 되었다.

룻기는 계보로 마무리된다. "베레스의 계보는 이러하니라 베레스는 헤스론을 낳고 헤스론은 람을 낳았고 람은 암미나답을 낳았고 암미나답은 나손을 낳았고 나손은 살몬을 낳았고 살몬은 보아스를 낳았고 보아스는 오벳을 낳았고 오벳은 이새를 낳고 이새는 다윗을 낳았더라"(18~22절).

계보는 여기서 끝나지 않는다. 신약의 마태복음은 이렇게 시작한다. "아브라함과 다윗의 자손 예수 그리스도의 계보라"(마 1:1).

다윗의 자손으로 예수님이 오셨다. 이 다윗은 예수님의 모형이요, 결국 오벳은 궁극적으로 우리의 진정한 구속자 메시아를 예표한다. 가깝게는 다윗을, 멀리는 그리스도를 예표한다.

우리의 인생역전을 위해서 탄생한 그분을 왕으로 모셔라 | 우리의 인생역전은 어디서 일어날까? 우리에게서 태어나는 훌륭한 자녀인가? 아니다. 자녀는 우리의 진정한 고엘이 될 수 없다. 만약 우리가 자녀에게 오벳의 짐을 지운다면 그는 불행하게 될 것이다. 이 땅에 고엘로 태어나 우리의 구속이 되어 주시기로 예언된 분은 한 분뿐이다.

오직 예수님만이 우리를 섬기시고 자신을 대속물로 주려고 오셨다. "인자가 온 것은 섬김을 받으려 함이 아니라 도리어 섬기려 하고 자기 목숨을 많은 사람의 대속물로 주려 함이니라"(마 20:28). 우리 주님은 친히 우리의 종이 되어 우리를 위해서 자신의 목숨을 내어주셨다. 바로 그분만이 우리 삶의 고엘이요, 우리의 왕이시다. 그분 안에서 인생역전이 일어난다.

여기서 비극은 왕이 없는 것이다. 왕을 떠나면 텅 비게 되지만 왕에게 돌아오면 채움을 받는다. 우리 역시 왕이신 그리스도께로 돌아와야 한다. 그분을 가슴에 안아야 한다. 그분이 우리 마음의 왕좌에 앉으셔야 한다. 그때 주님이 우리의 텅 빈 인생을 채워 주실 것이다.

예수님께 돌아올 때 마라처럼 쓴 우리의 인생이 기쁨으로 바뀐다. 예수님을 만나면 우울한 인생이 기쁨의 인생으로 변화된다. 그저 나만을 위해서 살던 시시한 인생이 예수님 때문에 내러티브가 있는 인생, 진정으로 럭셔리한 인생으로 변화되기 시작한다. 예수님 안에서 우리의 인생이 룻처럼 누군가에게 복이 되는 인생이 된다. 그러면 우리가 가는 곳마다 사람들이 복을 받고 위로받으며 기쁨과 소망과 활력이 넘치게 될 것이다.

1장에는 죽음이 있었지만 4장에는 생명이 있다. 이처럼 예수님을 모신 공동체는 새 생명이 탄생하고 부흥의 역사가 일어난다. 예수님의 계보에 룻이 들어간 것을 보라. 또 다른 여인들은 어떤가? 모두 이방 여인이다. 다말은 아마도 가나안 여인일 것이다. 라합은 여리고 출신이고 밧세바는 헷 사람이다. 왜 예수님은 이방의 피가 섞인 계보로 오시는가? 온 땅의 주가 되시려는 것이다. 그러므로 그리스도에게 연결되면 시야가 넓어지게 된다. 우리 안에서는 한계가 있다. 하지만 믿음이 있으면 모든 것이 하나가 된다. 오직 믿음이다.

예수님만이 우리의 왕이 되셔야 한다. 그가 다스리셔야 한다. 그때 우리 삶에 진정한 인생역전이 일어나게 된다. 그분을 다시 왕으로 모셔라. 그러면 룻기의 아름다운 공동체가 우리 가정, 우리 안에 펼쳐지게 될 것이다.

■생각 나누기

- 왜 백성과 장로들은 말론의 집 즉 엘리멜렉의 집이 아닌 보아스의 집을 세워달라고 축복하고 있는가?
- 하나님이 인정하는 가정의 내러티브는 어떤 것인가?
- 보아스를 향한 축복 기도를 통해서 알 수 있는 기도의 역할은 무엇인가?
- 나오미가 인생역전하여 새롭게 받은 사명은 무엇인가?
- 왕이 없는 시대에 살던 나오미가 아픔과 슬픔 속에서도 놓지 않은 한 가지는 무엇이었을까?
- 우리가 나오미 같은 양육자를 얻기 위해 먼저 해야 할 일은 무엇인가?
- 오벳이란 이름의 뜻은 무엇이며 이 아이가 세상에서 짊어지게 된 사명은 무엇인가? 그를 통해 우리가 볼 수 있는 미래의 왕은 누구인가?

Ruth

12장

나오미의 구원, 나의 구원이 되다

룻 4:16~17

룻기는 나오미와 룻, 보아스의 이야기를 서술하고 있지만
특별히 우리는 여기서 그리스도를 바라볼 수 있다.
룻기가 우리에게 보여주는 십자가 복음은 무엇일까?
그 안에서 우리가 받을 수 있는 은혜는 무엇일까?
룻기를 통해 우리가 받은 긍휼은 무엇이며 받은 선물은 무엇인가?
이 은혜의 선물로 인해 우리가 실천해야 할 사명은 무엇인가?
이와 같은 새로운 관점에서 룻기를 다시 한번 바라보자.

룻기에 나타난 십자가 복음

한 웨일즈 사역자가 젊은이에게 말했다.

"오늘 너무 형편없는 설교였네."

"왜 그런가요?"

"그 안에 그리스도가 없었기 때문이네."

"성경 본문에 그리스도가 없었어요. 우리가 늘 그리스도를 설교해야 하는 것은 아니에요. 본문에 있는 것을 설교해야 하죠."

"젊은이, 영국의 모든 자그마한 동네에도 그게 어디 있든 런던으로 통하는 길이 있다는 것을 알고 있는가? 이처럼 성경의 모든 본문도 성경의 수도로 통하는 길이 있네. 그게 그리스도일세. 자네의 직무는 본문을 대할 때 '그리스도께로 통하는 길이 무엇일까?'를 생각하고, 저 거대한 대도시, 즉 그리스도로 통하는 길을 달리면서 설교하는 것이라네. 나는 아직 그리스도로 통하는 길을 품고 있지 않은 본문을 만난 적이 없네. 만에 하나 그리스도로 통하는 길을 품고 있지 않은 본문을 발견한다면 나는 어떡하든 길 하나를 만들 것이네. 담벼락을 넘고 도랑물을 건너서라도 나의 주님께 나아갈 것이야. 설교란 그 안에 그리스도의 향취가 나지 않으면 아무런 유익도 끼칠 수 없기 때문이지."

다음은 루터 초상화를 많이 그린 루카스 크라나흐(Lucas Cranach)의 그림이다. 이 그림은 회중이 설교를 들을 때 설교자가 아닌 그리스도를 봐야 한다는 개념을 잘 표현하고 있다.

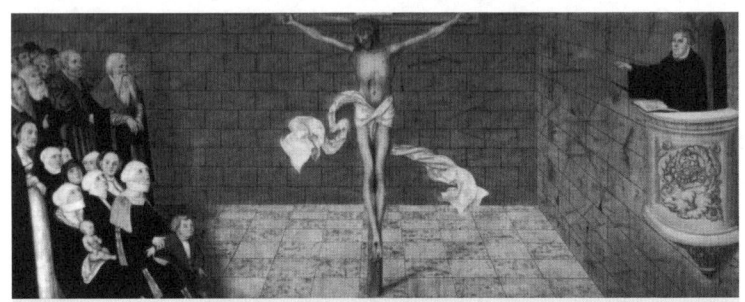
루카스 크라나흐, 〈루터의 설교〉, 1547년, 독일 비텐베르크 시교회

지금까지 우리는 룻기를 통해서 열심히 그리스도를 바라보았다. 이제 룻기에 나타난 십자가의 복음을 살펴보고자 한다.

나오미처럼
나도 불순종하였다

룻기는 우리의 죄를 고발한다. 먼저 나오미의 불순종을 보여주며, 이를 통해 우리의 불순종, 즉 인간의 죄의 본질에 대해 이야기한다. 모압으로 이주한 가장의 이름은 엘리멜렉으로 '하나님은 나의 왕이시다'란 뜻을 가지고 있다. 하지만 그는 하나님의 통치를 거부하고 자기 소견에 옳은 대로 모압으로 떠났다. 자신이 주인이었던 것이다. 당시 사사 시대에 왕이 없어 자기 소견에 옳은 대로 행하는 이것이 바로 죄이다.

죄의 본질은 인간이 왕이 되려는 것으로, 창세기 3장의 선악과 사건이 그것이다. 하나님은 선과 악을 알게 하는 나무의 열매는 먹지 말라고 하셨다. 그럼에도 그 실과를 먹는다면 이는 자신이 선과 악을 판단하는 주체가 되겠다는 의미가 된다. 나 말고 어느 누구도 나에게 이것이 옳다 그르다 할 수 없다는 것이다. 내가 중심이고 내가 주인이라는 뜻이다. 왕이신 하나님께 반역하여 자신이 왕이 되려는 것, 인간의 자기중심성, 이것이 원죄다.

존 스토트는 이렇게 말한다. "하나님의 첫째 되는 계명이 하나님을 사랑하고 이웃을 내 몸처럼 사랑하라는 것이라 하였다. 그런데 죄는 이 순서를 바꾸어 자신을 첫째로 삼고 자신의 자율성을 선포하는 것이다."

자기중심성의 결과 | 인간은 자신이 주인이 되어서 살면 하나님처럼 되는 줄 알았으나 결과는 그렇지 않았다. 인간은 피조물이라 스스로 존재하는 것이 아니기에 스스로 자신의 정체성을 확립할 수 없다. 우리는 다른 사람이 모두 나를 비난하는데도 상관없다고 생각하기 어렵다. 우리의 정체성은 우리 외부에서 주어진다. 그런데 근원이신 하나님을 떠난 인간은 오로지 사람들의 인정과 칭찬에 의지하여 정체성을 확립해 간다. 때로 우리는 우리가 이룬 업적과 돈과 성취에 의존해서 자존감을 확립한다. 이렇게 스스로 독립하고자 하면 결국 인간은 다른 것을 의존하게 되고, 그것이 그 사람의 주인이 되어 그를 노예로 삼는다. 그러면 이 허약한 자아상을 세우기 위해서 우리는 돈과 권력과 인기의 노예가 되고 하나님 대신 하나님이 만드신 피조물을 신으로 섬기는 우상숭배의 삶을 살

게 된다. 이것이 하나님을 떠나 자신이 왕이 되어 살려는 사람의 결말이다.

로마서는 이렇게 말씀한다. "스스로 지혜 있다 하나 어리석게 되어 썩어지지 아니하는 하나님의 영광을 썩어질 사람과 새와 짐승과 기어다니는 동물 모양의 우상으로 바꾸었느니라"(롬 1:22~23).

결국 인간은 자신이 섬기는 신의 모양으로 변모되어 간다. 돈과 권력을 위해서 수단 방법을 가리지 않고 불의를 행하며 점차 타락해 가는 것이다. 나오미는 처음에 잠깐 나갔다가 금방 돌아올 것이라고 생각했다. 그런데 10년의 세월이 흘렀고 남편과 두 아들은 영원히 돌아오지 못했다. 이것은 영적 사망을 의미한다. 세상은 결코 우리를 쉽게 놔주지 않는다. 이것이 하나님을 떠난 인간의 결말이다. 스스로 주인이 되어 떠난 그들의 결국은 텅 빔이요, 허무요, 죽음이다.

나오미가 받은 긍휼, 나도 받았다

룻기의 다음 주제는 나오미를 향한 하나님의 긍휼이다. 하나님은 긍휼로 나오미를 돌이키시고 돌보신다. 나오미에게 나타나는 하나님의 긍휼을 보면서 우리 삶에 나타난 하나님의 긍휼을 살펴볼 수 있다.

하나님의 긍휼은 버리지 않으시는 사랑이다 | 나오미와 그 가족들이 금방 돌아오지 않으니 하나님은 남편을 데려가신다. 그래도 돌아오지 않으니 두 아들마저 데려가신다. 고통 가운데 텅 비게 되자 나오미는 드디어 돌아간다. 하나님은 때려서라도 나오미를 돌이키신다. "내가 풍족하게 나갔더니 여호와께서 내게 비어 돌아오게 하셨느니라 여호와께서 나를 징벌하셨고 전능자가 나를 괴롭게 하셨거늘"(룻 1:21).

어쩌면 우리는 이렇게 망하게 해서 돌이키게 하는 것이 무슨 긍휼이냐고 반문할 수 있다. 하지만 돌이킨 결과, 나오미는 다윗 왕, 메시아의 조상이 된다. 그리고 죽은 자의 이름도 끊어지지 않게 된다. 심판은 파멸로 끝난다. 하지만 징계는 당시에는 힘들어도 결국 아름다운 열매를 맺는다.

하나님의 심판은 오히려 내버려 둠으로 나타난다. 하나님은 이 땅의 악한 자들을 '내버려 둠'으로 벌하신다. "그러므로 하나님께서 그들을 미움의 정욕대로 더러움에 내버려 두사"(롬 1:24 상). 죄를 짓거나 말거나 자기 하고 싶은 대로 내버려 두는 것이 하나님의 심판이다. 도살의 날을 위해 돼지에게 먹고 싶은 대로 먹이듯이 그냥 두시는 것이다.

오스카 와일드(Oscar Wilde)는 이렇게 말한다. "신들이 우리를 벌주고 싶을 때는 우리 기도를 들어 주신다."

하나님이 진노하시면 우리가 원하는 것을 다 들어 주신다. 하나님이 인간에게 주는 최악의 형벌은 그가 숭배하는 우상의 욕망을 이루도록 그냥 두시는 것이다. 그리하여 결국 때가 차면 심판에 이르게 하신다. 만약 하나님이 나오미의 가정을 그냥 내버려 두셨다면 아마도 그들의 이름은 영원히 이스라엘에서 끊어졌을 것이다.

부모는 자녀를 사랑하기에 그 잘못을 내버려 두지 못한다. 내버려 두는 것이 진짜 진노이고 간섭하는 것이 사랑이다. 하나님은 우리를 사랑하시기에 징계하신다.

아이가 아프고 열이 나면 엄마를 찾는다. 우리도 그래야 한다. 코로나 확진으로 아플 때 나도 더 깊이 주님을 찾고, 내 영혼이 주님께 가까이 가는 것을 느꼈다. 고난, 징계, 채찍이 하나님의 긍휼의 손길이다. 이것을 통해서 하나님은 우리를 더욱 거룩하게 하시고 죄에서 멀어지게 하신다. 고난은 하나님이 우리를 부르시는 긍휼의 손길이며 너를 포기할 수 없다는 사랑의 손길이다.

하나님의 긍휼은 사람의 위로로 나타난다 | 텅 비어 돌아가는 나오미를 룻이 붙좇는다. 우리가 본 것처럼 정말 이해할 수 없는 사랑과 헤세드로 룻은 나오미를 섬긴다. 일곱 아들보다 더 나오미를 사랑하고 섬긴다. 이 룻을 통해서 우리는 나오미를 치셨으나 다시 싸매시는 하나님의 긍휼의 손길을 발견하게 된다. 종종 하나님은 이렇게 사람을 통해서 당신의 긍휼을 보여 주신다.

언젠가 우리 교회 주보에 한 집사님의 간증이 실렸다. 초등학교 4학년 때 아버지로 인해 가정에 큰 아픔과 상처가 임했다. 그 일의 충격으로 어머니는 병을 얻어 하늘나라로 가시고 집사님은 밤과 같은 20대를 보냈다. 이렇게 나오미처럼 절망적인 상황에서 그녀에게 찾아온 룻은 집사님이 만난 남편과 시댁이었다. 외아들만 두셨던 시부모님과 시댁 식구들은 마치 딸 하나를 선물로 얻은 것처럼 넘치게 사랑해 주셨다. 시어머님이 밥도 다 해 주셨다고 한다. 그분들의 기도와 사랑으로 집사님에게 스며들어 온 하나님의 사랑은 깊은 상처를 싸매 주고 오히려 그 상처로 타인을 돌볼 줄 아는 사람이 되게 하였다. 집사님을 향한 하나님의 긍휼이 남편과 시부모님을 통해서 나타난 것이다. 마치 룻을 통해서 나오미에게 하나님의 사랑이 나타난 것처럼 말이다.

내 인생의 룻은 내 아내이다. 아내가 내 인생을 향한 하나님의 확실한 긍휼의 증거라고 나는 늘 생각한다. 하나님은 이렇게 누군가의 손길을 통해 하나님의 긍휼을 베푸신다.

사람들의 가장 큰 위로와 긍휼은 전도이다 | 룻이 나오미에게 베푼 더 큰 헤세드는 그녀가 보아스에게 간 것이다. 젊은 자도 마다하고, 나오미 가정의 기업 무름을 위해 보아스에게 시집가고자 한 것이다. 이것은 나오미와 그 죽은 자를 향한 룻의 더 큰 헤세드이다. 누군가가 우리에게 그리스도를 소개하기 위해 애쓰고 친절을 베푼 것이야말로 우리를 향한 최고의 긍휼이다.

내게 룻과 같은 분은 할머니시다. 어린 시절 나는 가난한 집에서 소심하고 병약하게 자랐다. 늘 힘겨운 살림살이에 부모님은 사흘이 멀다하고 다투셨다. 이런 내 어린 시절, 사춘기 시절은 늘 회색빛이었다. 그런데 그 시절에 나를 보호하시던 하나님의 긍휼의 손길이 바로 할머니의 절대적인 사랑이었다. 할머니가 내게 남겨 준 가장 큰 사랑은 신앙의 유산이다. 할머니는 나를 주일마다 교회에 데리고 가셨기에 나는 어린 시절 교회를 가까이했다. 그리고 문득 밤에 자다가 깨면 할머니는 항상 머리맡에서 내 머리에 손을 얹고 계셨는데, 나는 그것이 기도였다는 것을 나중에 알게 되었다. 어려서부터 자주 아팠던 나를 위해 할머니는 이렇게 늘 내 머리에 손을 얹고 기도하셨다. 할머니의 기도 속에 나는 스무 살에 주님을 인격적으로 만났다. 그리고 얼마 안 있어 할머니가 돌아가셨다. 며칠 뒤 학교 호숫가에 홀로 앉아서 할머니를 생각하고 있는데 '이 세상에서 가장 나를 사랑하는 분이 떠나가셨구나'라는 생각이 들었다. 그와 동시에 '그분이 이 세상에서 가장 날 사랑하시는 예수님을 만나게 해 주셨구나'라는 생각이 들었다. 돌아보면 이것이 가장 큰 사랑이었다.

할머니 외에도 나를 믿음의 길로 이끌어준 내 인생의 영적 산파들이 있다. 내게는 그분들이 하나님의 긍휼의 손길이다. 개인적인 위로와 도움도 귀하지만, 무엇보다 내 사랑하는 주님을 더 깊이 알게 해 주신 것, 그것이 나는 얼마나 고마운지 모르겠다.

우리가 누군가에게 그리스도를 소개하는 것, 그것이 가장 큰 사랑이다. 그런 면에서 교사로, 순장으로 섬기는 일은 정말 커다란 긍휼을 베푸는 일이다.

우리에게 나타난 최고의 긍휼은 그리스도의 사랑이다 | 룻의 긍휼의 징검다리를 통해 나오미는 보아스의 긍휼을 만났다. 보아스가 나오미의 기업 무를 자가 되어 준다. 여기에 가장 큰 긍휼이 있다. 보아스의 기업 무름을 통해 나오미는 자신이 불순종으로 잃어버린

모든 것을 회복한다.

　진정한 긍휼은 그냥 감정적으로 눈물을 흘리는 동정에 불과한 것이 아니다. 긍휼은 그의 아픔을 자신의 아픔으로 받아들여 자기 삶을 던지는 것이다.

　자녀는 철저히 의존적인 상태로 태어난다. 부모는 그 어린 자녀가 늘 불쌍하다. 그래서 그 아이를 위해서 자기 삶을 희생한다. 특별히 어머니는 아이를 위해서 여러 해 동안 자신의 독립성, 자율성을 포기한다. 그렇게 함으로써 아이는 어느덧 자라 독립적인 존재로 성장하게 된다. 만약에 부모가 자신의 자유를 희생하지 않으면, 결코 자녀를 자유로운 존재로 키우지 못한다. 이처럼 진정한 긍휼은 그의 아픔을 내 아픔으로 여겨 자신의 삶을 개입하는 것이다. 오늘 룻이 한 것, 보아스가 베푼 것이 바로 그것이다.

　1장에서 나오미의 절망이 4장에서는 기쁨으로 바뀌는데 나오미가 한 것이 있는가? 없다. 이렇게 만든 것은 전적인 긍휼이다. 그 긍휼로 인해 그녀의 삶의 슬픔이 기쁨으로 바뀐 것이다. 나오미는 그냥 가만히 앉아서 이유를 알 수 없는 긍휼을 경험하였다. 이것이 바로 복음이다.

그리스도 안에서 경험하는 긍휼 | 나오미의 절망이 기쁨으로 바뀐 것이 긍휼로 말미암은 것처럼 우리 인생도 동일하다. 하나님을 떠나 텅 비고 절망 가운데 있던 우리 인생이 기쁨과 역전의 인생으로 변화되게 하는 것은 전적인 긍휼이다. 내 마음대로 살려다가 상처받고 텅 비어 버린 내 인생을 오늘에 이르게 한 것은 한마디로

긍휼이다.

사람들에게 비난당하고, 나 자신도 나를 정죄하고, 스스로 초라해 보일 때조차 주님 앞에 엎드리면 그분은 못 자국 난 손을 우리 어깨에 얹으시며 말씀하신다. "사랑하는 아들아, 딸아, 괜찮다. 내가 너를 위해 모든 빚을 다 갚았다. 너의 모든 죗값을 다 치렀다. 너를 위해 내가 맞았고 내가 비난당했고 내가 죽었다. 나는 너를 사랑한다." 내가 용서받았다는 음성이다. 늘 변함없는 한결같은 사랑, 이것이 주님 앞에 나갈 때 우리가 경험하는 전부이다. 이러한 긍휼이 우리를 변화시킨다. 이것이 복음이다.

용서와 회개 | 회개가 먼저일까, 용서가 먼저일까? 우리가 날마다 회개할 수 있는 이유는 그분이 한없는 긍휼로 용서하시기 때문이다. 만약에 그분이 용서하시지 않는다면 우리는 회개하지 않을 것이다. 왜 이 세상에는 진정한 회개가 없을까? 용서하려고 하지 않기 때문이요, 긍휼히 여기지 않기 때문이다. 죄를 밝혀내고 정죄하려 하고 증오하기에 회개가 없는 것이다. 하지만 하나님은 우리를 긍휼히 여기신다.

그렇다고 거저 용서하신 것은 아니다. 용서란 정말 힘들다. 하나님은 우리 죄악에 대한 모든 진노를 당신의 아들 예수님께 다 퍼부으셨다. 주님은 그 모든 아픔을 다 감내하시고 우리를 용서하셨다. 그러한 주님의 용서 속에서 우리는 늘 다시 씻김을 받고 새롭게 태어나는 것이다. 이것이 긍휼의 힘이요, 이 긍휼로 우리가 구원받는 것이다. "그런즉 원하는 자로 말미암음도 아니요 달음박질하는 자로 말미암음도 아니요 오직 긍휼히 여기시는 하나님으로 말미암음이니라"(롬 9:16). 신자는 이 긍휼로 산다. 이 긍휼 앞에서 날마다 다시 태어난다. 여기에 우리의 정체성이 있고 전부가 있다.

긍휼과 정체성 | 나는 참 열등감이 많고 소심한 사람이다. 그런 내가 오늘 어떻게 하나님 앞에서 이렇게 나 자신을 긍정하고 사명자의 정체성을 가지고 설 수 있었을까? 전적으로 예수님의 긍휼과 사랑 때문이다. 만약 예수님이 매우 강하고 강직한 분이셨다면 나는 늘 그분 앞에 초라하고 부족하게만 여겨졌을 것이다. 그분이 너무나 용맹스럽다면 나는 그분 앞에서 늘 겁쟁이란 의식을 떨치지 못했을 것이다. 하지만 우리 주님은 우리의 모든 연약함을 다 동정하시고 긍휼히 여기시는 분이시기에 그분 안에서 격려받고 일어설 수 있게 된다.

C. S. 루이스가 이렇게 말했다. "원하신다면 하나님은 바늘 한 방울 찔러도 피 한 방울 나오지 않을 것 같은 철인으로 성육신하실 수 있었다. 그런데 지극히 겸손하게도 굳이 섬세한 감성의 사람으로 성육신하셨다. 그래서 나사로의 무덤에서 눈물을 흘리셨고, 겟세마네에서 핏방울 같은 땀을 떨구셨다. … 그분은 우리 가운데 가장 연약한 사람이 당하는 일을 모두 당하셨고, 죄를 제외하고는 우리 본성의 강한 면뿐 아니라 약한 면까지 모두 공유하셨다. 만일 그분이 성육신하실 때 대단한 용기를 타고나셨다면, 우리 가운데 많은 이에게는 그분이 아예 성육신하지 않으신 것과 거의 똑같았을 것이다."

우리 주님은 우리의 모든 아픔을 공감하시는 긍휼의 사람으로 오셨다. 용서의 주님으로 오셨다. 그분의 긍휼과 위로, 용서가 우리를 변화시키는 것이다.

나오미가 받은 구원, 나도 받았다

세 번째로 주목할 것은 나오미와 같이 나도 구원받았다는 것이다. 나오미는 룻과 보아스의 긍휼 속에서 아들을 품에 안게 되었다. 룻과 보아스의 긍휼이 성육신한 것이 오벳이다. 그 오벳을 그녀가 품에 안고 기뻐한다. 그가 바로 나오미의 기업을 이어줄 자요, 나오미의 구원의 선물이다.

나오미의 구원의 선물, 오벳 | 오벳이란 이름은 '섬기다'란 뜻으로, '종'이라는 의미를 갖는다. 오벳은 나오미를 위해서 태어난 것이다. 처음부터 이 가정의 구속을 위해서 태어난 오벳의 어깨 위에는 이 몰락한 가정의 비극과 절망이 짐 지워져 있었다. 그는 그 가정이 당한 불순종의 저주, 그들이 당한 죽음을 대신 짊어졌다. 이것이 이 아이의 탄생 목적이다. 이 아이에게만 나오미 가정의 소망이 있다. 그래서 나오미는 이 아이를 안고 기뻐한 것이다. 우리는 나오미가 안고 있는 구원의 선물인 이 아이를 통해 우리를 향한 구원의 선물이신 그리스도의 모형을 발견하게 된다.

나의 구원의 선물, 예수 | 이 말씀을 잘못 적용하여 나의 자녀가 나의 오벳이라고 생각하면 자녀가 불행해진다. 우리 아이들은 부모를 위해 태어난 존재가 아니다. 그들은 하나님 앞에서 자신들만의 길을 위해 태어났다. 부모는 아이들이 우리 품 안에서 잘 자라고 그 꿈을 향해 떠나도록 키우면 된다.

그렇다면 우리의 오벳은 누구인가? 나오미를 위해서 태어난 오벳, 이 가정의 구속을 위해서 태어난 오벳은 장차 그 후손으로 태어날 예수 그리스도를 가리킨다. "아들을 낳으리니 이름을 예수라 하라 이는 그가 자기 백성을 그들의 죄에서 구원할 자이심이라 하니라"(마 1:21).

이 땅에 우리를 위해서 태어난 아기는 오직 한 분, 예수님이다. 예수님은 하나님의 긍휼이 성육신하신 하나님의 아들이다. 그분은 철저히 우리의 종이 되어 우리를 섬기고 우리를 위해서 자신을 제물로 내어 주시려고 오셨다. "인자가 온 것은 섬김을 받으려 함이 아니라 도리어 섬기려 하고 자기 목숨을 많은 사람의 대속물로 주려 함이니라"(막 10:45). 예수님이 바로 하나님이 우리에게 베푸신 구원의 선물이다.

기독교 구원의 독특성 | 우리는 여기서 기독교 구원의 독특성을 볼 수 있다. 기독교의 구원은 하나님이 우리를 위해서 한 아기를 보내주시고, 그 아기에게 우리의 모든 죄와 연약함을 담당시켜, 그로 우리 대신 제물이 되어 죽게 하는 것이다. 여기에 기독교 복음의 독특성이 있다.

자리를 맞바꿈 | 기독교의 구원은 어떤 지도자가 나타나 그를 본받으라는 가르침도, 네가 이렇게 하면 구원받을 수 있다는 강요도 아니다. 하나님은 오히려 우리를 대신하는 한 사람, 즉 우리 죄의 자리에 대신 서서 우리와 자리를 맞바꿀 한 사람을 보내주신다. 그래서 우리 죄의 자리에 그가 대신 서고, 그분의 의와 생명의 자리에 우리가 서는 것, 이것이 기독교의 구원이다. "하나님이 죄를 알지도 못하신 이를 우리를 대신하여 죄로 삼으신 것은 우리로 하여금 그 안에서 하나님의 의가 되게 하려 하심이라"(고후 5:21).

또한 주님은 우리 대신 저주를 받으시고 우리를 속량하셨다. "그리스도께서 우리를 위하여 저주를 받은 바 되사 율법의 저주에서 우리를 속량하셨으니"(갈 3:13).

예수님은 죄인인 우리 대신 우리의 죄를 짊어지시고 죄가 되셨다. 이것이 주님이 이 땅에 오신 목적이다. 주님은 죄인 취급을 당하시고, 우리의 모든 죄와 저주와 불행을 다 짊어지셨다. 그분은 우리 대신 사시고, 우리 대신 조롱당하셨으며, 우리 대신 가난하게 되시고, 우리 대신 핍박과 멸시를 받으셨으며, 우리 대신 십자가에서 죽으셨다. 이것이 복음이다.

존 스토트(John R. W. Stott)는 이렇게 말한다. "인간이 하나님을 대신하려는 것이 죄의 본질이라면, 하나님이 친히 우리를 대신하신 것이 구원의 본질이다. 오로지 하나님이 계셔야 마땅한 자리에 우리를 앉히시려고 하나님은 당연히 우리가 있어야 할 자리에 친히 들어가셨다. 이것이 바로 구원이다."

그분이 하늘에서 땅으로 오셨기에 우리는 땅에서 하늘로 갈 수 있다. 부요하신 그분이 가난해지셨기에 우리는 그 가난을 통해 부요해질 수 있고(고후 8:9), 그분이 죄가 되셨기에 우리는 죄가 되신 그분을 통해 하나님의 의가 될 수 있다(고후 5:21). 그리고 그분이 저주를 받으셨기에 우리가 죄 사함을 받고 그 복이 우리에게 미치게 되었다(갈 3:13-14).

타 종교에서 가르치는 구원은 선행, 공덕, 의식준수, 인식변화를 통해 인간이 신에게 올라가는 방식이다. 반면에 기독교의 구원은 하나님이 우리에게 내려오신 것이다. 이것이 기본적으로 다르다. 그분은 이 땅에 종으로 태어나셔서 우리를 위해 죽으셨다.

구원의 선물을 받으려면 | 우리가 구원받으려면 완전한 덕의 경지에 올라야 하는 것이 아니라 우리의 연약함과 무력함과 결핍함을 인정해야 한다. 즉 우리가 구원의 선물을 받아야 할 존재라는 것을 인정해야 한다. 나오미에게 구원의 소망은 오직 오벳이란 아이뿐이었던 것처럼, 내 인생의 구원은 나의 모든 죄를 짊어지시고 죽으신 예수님뿐이란 사실을 인정해야 한다. 때로는 귀한 선물인데, 내가 연약해야만 받아들일 수 있는 것이 있다. 언젠가 늘 날아오던 예비군 소집이 날아오지 않았다. 면제가 된 거다. 내가 늙었다는 거다. 65세가 되면 정부에서 주는 혜택들이 있다고 한다. 기초연금수령자가 되고, 통신비 할인, 틀니 임플란트를 두 개 70% 할인해 준다. 그리고 KTX, 새마을호 30% 할인, 지하철 무료, 국내선 항공기 10% 할인, 국립공원 무료, 공연자 할인, 공공임대주택 우선공급, 주민세 면제 등 무려 30가지가 넘는다고 한다. 이러한 선물은 정말

좋다. 하지만 이러한 혜택을 받는다는 것은 노인이 되었다는 것을 의미한다. 우리가 이러한 혜택을 받기 위해서는 한 가지 해야 할 일이 있다. 그것은 우리가 나이를 먹었다는 사실을 인정하는 것이다.

기독교 구원의 선물도 이와 같다. 우리가 덕을 완성하고 경지에 오른 모습을 보여주는 것이 아니라 우리가 우리의 죄를 인정해야 한다. 우리가 얼마나 큰 죄인인지, 우리가 얼마나 약한지를 인정하고 구원의 선물을 받아들여야 한다. 그래서 나오미처럼 기쁨으로 나의 주님을 안고 품에 모셔야 한다. 그분을 왕으로 모시고 살아야 한다. 거기에서 인생역전이 일어난다. 이것이 기독교의 복음이다."

『절대순종 반생기』에 나오는 이덕자 전도사 이야기다. 그녀의 어머니의 남편은 신혼 첫날만 지낸 후 집을 떠나갔다. 찾아가 보니 이미 아이가 있는 남자였다. 하지만 안타깝게도 아이를 가진 그녀는 일본으로 가서 딸을 낳고 열심히 살았다. 그러던 중 한 교포를 만나 사랑했고 둘은 결혼했다. 그래서 태어난 딸이 이덕자이다. 그런데 한국으로 돌아오자 그 남편이 죽고, 그 장례식에 뜻밖의 여자와 어린아이 둘이 찾아온다. 남편의 숨겨 놓은 가정이었다. 어머니의 마음이 어떠했을까? 함께 자란 이복언니는 자신의 처지를 불행하게 생각하다가 결국 정신착란증에 이르러 20년을 이덕자를 괴롭히는 삶을 살았다. 이후 이덕자는 서울에 가서 일하던 중 한 남자를 만난다. 그런데 나중에 보니 이 남자는 도박벽이 있었다. 이것이 평생 십자가가 되어 그녀는 18년이란 세월을 탕자 생활을 하는 남편을 인내하면서 살았다. 그 와중에 태어난 둘째는 뇌 신경마비를 6년 앓다가 죽고, 장남은 28년 동안 정신분열을 앓았다. 결국 그녀는 자

살까지 시도한다. 정말 살 수 없는 인생이 아닌가? 과거 우리 어머니들이 이런 삶을 살았다.

불행하게 살던 이덕자는 우연히 부흥회에 가게 되었고 거기서 예수님을 만났다. 회개하라는 부흥사님의 말씀이 갑자기 천둥처럼 들려, 그녀는 마음으로 미워하고 원망했던 것을 모두 회개하였다. 그때 주님이 임재하셨다. 이후 그녀는 완전히 예수님께 사로잡혀 살아간다. 하나님이 그녀에게 은혜를 주셔서 그녀가 기도하면 병자가 나았고, 그녀의 가슴에는 구령의 열정이 불타올랐다. 그리하여 신학교에 입학한 그녀는 교회를 개척하여 많은 영혼을 구원하였다. 후에는 중국 단둥으로 건너가 떡집을 차리고 북한 선교사역을 하며 선교사로 살았다. 이제 그녀는 한국으로 귀국하였고, 그녀의 마음에는 여전히 한국교회를 향한 열정이 가득하다. 얼마나 멋진지 모르겠다.

누가 이분의 삶을 이렇게 변화시켰을까? 너무나 불행해서 이어가기조차 힘겨운, 나오미와 같은 삶이 아닌가? 그런데 그녀의 인생에 찾아오신 예수님이 저주와 불행, 상처와 가난을 모두 다 짊어지시고 그녀와 함께하셨다. 주님 안에서 이덕자 전도사는 완전히 다른 삶을 살았다. 예수님이 그녀의 인생을 역전시키셨다.

칼빈(John Calvin)은 예수님이 이루신 사역을 이렇게 표현하였다. "그분은 자신이 찔리심으로 우리를 도로 사셨고, 체포되어 우리를 해방시켰으며, 정죄당하여 우리를 사면하셨다. 저주받아 우리를 복되게 하셨고, 속죄 제물이 되어 우리를 의롭게 하셨으며, 상하여 우리를 성하게 하셨고, 죽어서 우리를 살리셨다. 그래서 그분을 통해 격분이 순해지고 진노가 가라앉고 어둠이 환해지며 두려움이 진정된다. 멸시가 멸시되고 빚이 탕감되며 수고가 가벼워지고 슬픔이 낙으로 변하며 불운이 행운으로 바뀌고 … 지옥이 얼어붙고 사망이 사망하고 필멸이 불멸로 변한다. 자비와 선이 모든 고통과 불행을 삼켰다."

예수님만이 우리의 소망이다. 그분을 잊어버리면 안 된다. 세상이 무너져도 예수님을 바라보자. 우리를 위해서 죽으신 예수님만 바라보자. 그분 안에서 우리 인생이 새로워질 수 있다. 우리를 위해 고엘이 되신 예수님의 고난을 깊이 생각해야 한다.

존 스토트(John R. W. Stott)는 이렇게 말한다. "예수님이 찾아오셔서 자신을 내어 주는 한없는 사랑으로 우리를 감싸는 것을 알아차리는 순간, 온전히 새로운 토대 위에 삶을 구축하라는 초대장을 받는다."

더 이상 자기중심적인 삶을 살 수 없다 | 우리가 예수님 안에서 살아갈 때 우리는 비로소 하나님의 충만한 사랑과 긍휼을 경험한다. 그리고 그 충만한 사랑 안에서 비로소 자신다워진다. 물고기가 물 속에서 자유롭듯이 인간의 참 자유함은 사랑 안에 있다. 그분의 넘치는 사랑 안에서 내 자아가 죽는다. 이기심도 죽는다. 그분 안에서 내가 죽고 그 사랑이 나를 정복하는 것이다. 결국 나는 그 사랑의 종이 된다. 주님은 이 사랑으로 우리를 초대하신다. 다시 룻기로의 초대이다. 그리스도는 룻기의 아름다운 공동체를 꿈꾸게 하신다. 누가 우리를 이렇게 멋진 삶으로 빚으시는가?

■생각 나누기

- 룻기를 통해 확인할 수 있는 죄의 본질은 무엇인가?
- 룻기는 하나님을 떠난 인간의 결말을 어떻게 보여주는가?
- 나오미가 받은 하나님의 긍휼은 어떤 것인가?
- 룻을 통해 알 수 있는 최고의 긍휼은 무엇인가?
- 우리가 경험할 수 있는 최고의 긍휼은 무엇인가?
- 우리가 그리스도 안에서 경험하는 긍휼은 무엇인가?
- 나오미가 받은 구원의 선물이 오벳인 것처럼, 우리 구원의 선물은 누구인가?

가정을 세우는 룻기복음

그래도 소망이 있다

초판 인쇄 2024년 4월 22일
초판 발행 2024년 4월 26일

지 은 이 이인호
발　　행 익투스

총무 박용규
기획 김귀분
편집책임 윤옥정　**마케팅책임** 김경환
경영지원 임정은　**마케팅지원** 박경헌 김혜인
유통 박찬영 김승온　**제작** 최보람　**편집·홍보** 안승찬

주소 서울시 강남구 영동대로 330
전화 (02)559-5655~6 **팩스** (02)6940-9384
인터넷 서점 www.holyonebook.com
출판등록 제2005-000296호
ISBN 979-11-86783-57-3

ⓒ 2024, 익투스
*잘못된 책은 바꾸어 드립니다.